JN406740

당신에게
라틴어 문장 하나쯤
있으면 좋겠습니다

ZAYU NO LATINGO (座右のラテン語 人生に効く珠玉の名句65)
by Mari Yamazaki, Latengosan
Copyright © 2025 by Mari Yamazaki, Latengosan

ZAYU NO LATINGO by Mari Yamazaki, Latengosan
Copyright © 2025, Mari Yamazaki, Latengosan
All rights reserved.
This Korean edition was published by wilma Co.,Ltd in 2025 by
arrangement with SB Creative Corp. Tokyo
through KCC (Korea Copyright Center Inc.), Seoul.

이 책은 ㈜한국저작권센터(KCC)를 통한 저작권자와의 독점계약으로 ㈜윌마에서
출간되었습니다. 저작권법에 의해 한국 내에서 보호를 받는 저작물이므로
무단전재와 복제를 금합니다.

당신에게 라틴어 문장 하나쯤
있으면 좋겠습니다

사유의 깊이를 더하는
2000년 로마의 문장 수업

라티나 씨·야마자키 마리 지음
박수남 옮김

dimidium facti qui
coepit habet
ira furor brevis est
nil admirari
aequam memento
rebus in arduis servare
mentem
aurea mediocritas
in medio tutissimus
ibis
carpe diem
ridere in stomacho
vivere est cogitare
omnia praeclara rara
amicus certus in re
incerta cernitur
possunt, quia posse
videntur

Wlma

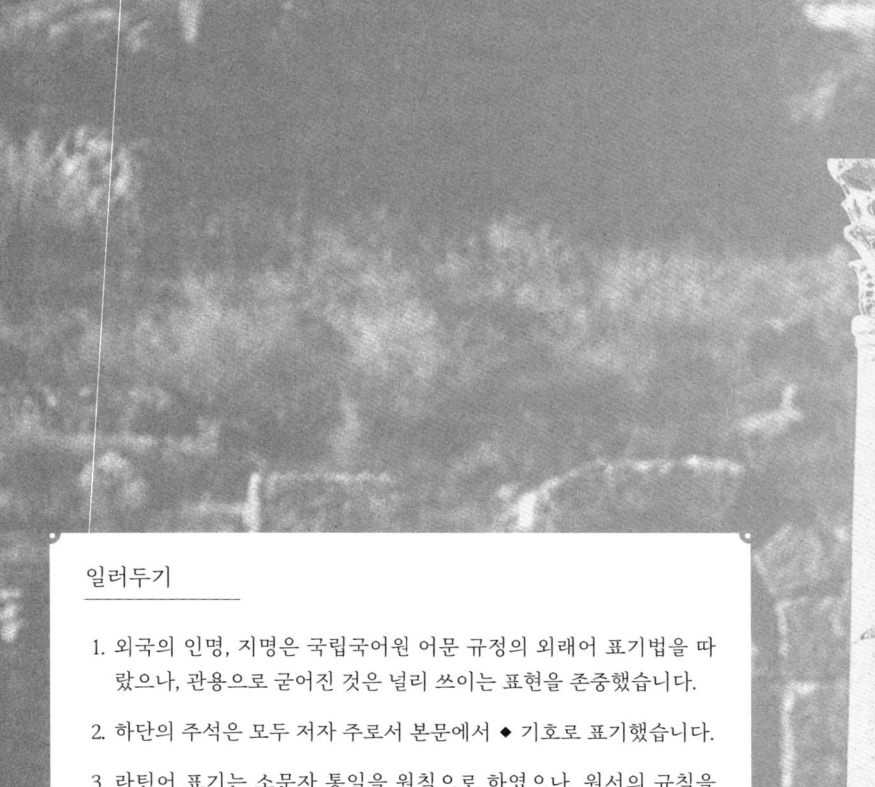

일러두기

1. 외국의 인명, 지명은 국립국어원 어문 규정의 외래어 표기법을 따랐으나, 관용으로 굳어진 것은 널리 쓰이는 표현을 존중했습니다.

2. 하단의 주석은 모두 저자 주로서 본문에서 ◆ 기호로 표기했습니다.

3. 라틴어 표기는 소문자 통일을 원칙으로 하였으나, 원서의 규칙을 따라 일부 대문자로 표기하였습니다.

4. 라틴어 발음 표기법은 따로 정해진 바가 없으므로 이탈리아어 표기법 등을 참고하여 나름의 규칙을 만들어 통일하였습니다. v의 고전 라틴어는 w(ㅜ) 발음이지만, 이 책에는 우리에게 익숙한 'ㅂ'으로 표기하는 등 기존 원칙에서 예외를 둔 사항도 있습니다.

iacta alea est

주사위는 던져졌다

시작하며

모든 생각의 해답은
로마로 통한다

저는 40년 전부터 이탈리아에서 살기 시작해 지금은 고대 로마나 고대 그리스를 무대로 한 만화를 그리고 있습니다. 그렇다고 라틴어를 전문적으로 공부한 적은 없습니다. 라틴어에 관한 제 지식은 라틴어를 할 줄 아는 이탈리아인 남편에게 배우거나 독학으로 익힌 것이 대부분입니다. 다만 일본에서 태어난 일본인 중에서 라틴어를 접할 기회가 남들보다 많은 편이었지요.

대대로 천주교인 집안에서 태어난 저는 유아 세례를 받았는데, 이때 고대 로마 시대에 실존했던 성녀 '세실리아'의 이름을 세례명으로 받았습니다. 성당에서 미

사드릴 때도 라틴어를 접했고, 글로리아 인 엑셀시스 데오_Gloria in excelsis Deo_(지극히 높은 곳에서는 하나님께 영광)와 같은 라틴어 성가를 의미도 잘 모른 채 소리 높여 부르곤 했습니다. 이러한 이유로 어린 시절부터 라틴어의 존재를 인식하고는 있었지만, 당시에는 제가 고대 로마를 무대로 한 만화를 그리며 라틴어 공부를 하고 라틴어 제목을 붙이게 되리라곤 상상도 못 했습니다.

라티나 씨의 저서인 《세상은 라틴어로 가득하다》에는 저와 라티나 씨의 특별 대담이 수록되어 있는데요, 이 가운데 요즘에도 라틴어가 많이 사용되고 있다는 이야기가 화제를 모았습니다. 예를 들면 보너스, 모니터, 앨범, 오디오와 같은 단어는 대부분 전쟁 전후로 영어 등을 거쳐 들어온 라틴어입니다. 영어인 줄만 알았던 외래어가 실은 고대 로마 시대부터 존재했던 라틴어라는 사실은 좀처럼 알려지지 않았습니다. 만약 제가 그리는 만화의 주인공처럼 고대 로마인이 갑자기 시간 여행을 해서 현대 세계에 나타나더라도, 이러한 라틴어 단어 몇 개만 들으면 현대인이 무슨 말을 하는지 대략 알 수 있지 않을까 싶습니다. 모니터나 오디오라는 말을 들으면 시각과 청각에 관해 무언가 이야기하고 있다는 것 정도는 추측할 수 있을 것입니다. 이탈리아어나 스페인어를 사용하는 지역으로 왔다면 커뮤니케이션 장벽이 더 낮아지겠지요.

남편의 친척 어른이 입버릇처럼 늘 말하는 *Idem*도 일상 대화 속에 여전히 살아 있는 라틴어입니다. '마찬가지로, 동일하게'라는 뜻이지요. 고대 로마인의 인사말인 *Salve* 역시 발음은 '살웨'에서 '살베'로 변했지만, 현대 이탈리아에서 누구나 일상적으로 사용하는 표현입니다. 무료를 뜻하는 *gratis*, 일기나 스케줄을 의미하는 *agenda*는 발음까지 그대로 이어져온 말입니다.

이탈리아 사람들과 어울리다 보면 라틴어 격언 역시 자주 듣게 됩니다. 저와 비슷한 세대는 그렇게 자주 사용하지 않지만, 전쟁 전후에 태어난 세대 중에는 *proverbio*, 즉 격언을 일상 대화에서 즐겨 사용하는 사람이 많습니다. 예를 들어 게으른 사람을 보면 *Tempus fugit*, '시간이 날아간다'라는 뜻의 격언으로 설교하기도 합니다.

열네 살에 혼자서 유럽을 여행하다가 만난 이탈리아인 할아버지(훗날 저는 이 할아버지의 손자와 결혼하게 됩니다)는 제가 유럽에 한 달이나 머물면서 프랑스와 독일밖에 방문하지 않았다는 사실을 알고 화를 내면서 갑자기 라틴어로 *"Omnes viae Romam ducunt!"* 라고 소리쳤습니다. 그리고 깜짝 놀라 굳어버린 저에게 영어로 "모든 길은 로마로 통한다! 잊어버리지 않도록 어딘가에 적어서 이 감각 없는 여행을 시킨 어머니에게 보여드려라!" 하고 말했습니다. 저는 당황한 채로 이 문구를 종이에 적었습니다. 이 말이 제가 살면서 들은 첫 번째 라틴어 격언이었고, 실제로 이후의 제 인생은 그 할아버지의 설교가 암시한 대로 로마와 통하게 되었습니다.

이탈리아를 비롯한 지중해 연안 지역의 많은 도시에는 고대부터 현대에 이르는 다양한 역사의 흔적이 밀푀유처럼 겹겹이 층을 이루며 공존합니다. 한때 제가 살았던 시리아의 다마스쿠스는 오늘날까지 존재하는 도시 가운데 가장 오랜 역사를 지닌 곳입니다. 그곳에서 살아가는 사람들을 보면서 '아, 고대 사람들도 이런 식으로 생활했겠구나' 하고 자주 느끼곤 했지요. 그러한 경험이 제가 만드는 작품에도 자연스럽게 녹아든 것 같습니다.

이 책에서 저와 라티나 씨가 소개하는 수많은 라틴어 격언 역시, 인간의 생각과 삶이 어느 시대든 크게 다르지 않다는 사실을 전해줍니다. 겹겹이 쌓인 시대의 층

아래에서 과거 사람들 역시 오늘을 살아가는 우리와 비슷한 일을 겪고, 비슷한 고민을 했습니다. 어떠한 고난과 시련 앞에서도 좌절하지 않고 견디고자 했던 옛사람들의 지혜는 세월이 흘러도 변함없이 소중하게 전해지고 있습니다. 이탈리아인들이 지금도 라틴어 격언을 일상에서 자연스럽게 쓰는 모습이 바로 그 증거라고 할 수 있습니다.

피렌체에서 공부하던 시절, 남자 친구와 싸우고 우울해하는 저에게 나이가 지긋한 선생님께서 제 어깨를 툭 치며 *"Tempus omnia medetur"* 라고 위로해주신 적이 있습니다. 시간이 모든 걸 해결한다는 뜻의 라틴어 격언입니다. 지금까지 얼마나 많은 사람이 이 말로 슬픔과 실의에서 벗어났으며, 또 비슷한 처지에 있는 사람에게 위로를 전했을까요? 시대와 장소를 초월하여 누구에게나 통하는 격언의 보편성은 정말 놀랍습니다.

격언은 한마디로 인간 관찰 기록의 축약판입니다. 고대에 살았던 사람들이 남긴 격언을 읽다 보면, 우리 인간이라는 존재가 지닌 사회적 본성을 아주 객관적으로 파악할 수 있습니다. 그리고 인간으로서의 교만과 자기기만을 반성하고 겸손해집니다. 한편으로는 그럼에도 이 세상에 태어나서 다행이라는 행복과 기쁨을 느끼며 내일을 살아갈 힘을 얻습니다.

라틴어라는 언어 자체의 매력에 마음을 빼앗긴 라티나 씨와 평평한 얼굴족_{야마자키 마리의 만화에서 고대 로마인이 일본인을 지칭하는 말 - 옮긴이}이면서 만화 속에서 로마의 길을 걸었던 제가, 옛 지식인들이 남긴 이러한 주옥같은 격언을 주제로 대화를 나누었습니다. 저희가 안내하는 로마행 시간 여행을 아무쪼록 끝까지 편안하게 즐겨주시길 바랍니다.

야마자키 마리

차례

시작하며 ○ **모든 생각의 해답은 로마로 통한다**　　………… 6

제1장
뻔하지 않은 위로가 필요할 때

망설임을 끝내는 법	……… 22
감정의 주인이 되고 싶다면	……… 25
적당함이라는 최고의 선택	……… 36
불안을 멈추는 기술	……… 41
어른의 품격을 유지하려면	……… 45
삶에 의미를 부여하는 방법	……… 51
힘든 시간이 주는 선물	……… 57

제2장
새로운 도전을 앞두고 있을 때

나를 믿는 연습	……… 72
세상에 나쁜 경험은 없다	……… 77
미쳐야 미친다	……… 88

제3장
나를 잃지 않으면서 사랑하고 싶을 때

사랑이 어려운 이유	……… 99
모든 것을 압도하는 마음	……… 106
사랑과 굴복	……… 114
호감을 얻는 특별한 방법	……… 119

제4장
사는 게 생각만큼 단순하지 않을 때

이별을 받아들이는 마음	125
동물로 배우는 인생 교훈	126
술이 가르쳐주는 것들	131
의미 있는 연결 찾아가기	137
삶은 하나의 연극	144

제5장
더 나은 사람이 되고 싶을 때

시간을 제대로 쓰는 법	151
살아 있는 것과 살아가는 것	155
비교하지 않는 삶	162
진짜 어른의 조건	167

제6장
흔들리는 마음을 다잡아야 할 때

모순 같지만 진리인 것	175
마음의 균형을 유지하는 법	179
대담한 선택의 힘	181

제7장
소란 속에서도 희망을 놓지 않고 싶을 때

전쟁을 끝내는 방법	······ 190
다름을 인정하는 지혜	······ 197
현명한 거리 두기	······ 199
진실과 거짓을 구별하는 눈	······ 204
평화로운 일상 속 함정	······ 211
평범함 속에 숨은 행복	······ 215
과거를 통해 보는 미래	······ 221

마치며 ○ **라틴어는 오래된 언어가 아니라 오래된 위로다** ······ 226

제1장

뻔하지 않은 위로가
필요할 때

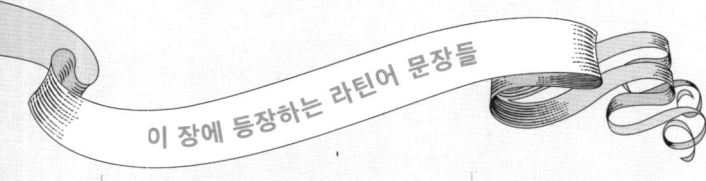

이 장에 등장하는 라틴어 문장들

- ***dimidium facti qui coepit habet***
  디미디움 팍티 퀴 코이피트 하베트

  시작했다면 이미 절반은 달성한 것이다

- ***ira furor brevis est***
  이라 푸로르 브레비스 에스트

  분노는 짧은 광기다

- ***nil admirari***
  닐 아드미라리

  어떠한 일에도 놀라지 말라

- ***aequam memento rebus in arduis servare mentem***
  아이쾀 메멘토 레부스 인 아르두이스 세르바레 멘템

  고난 속에서도 평정심을 잃지 말라

- ***aurea mediocritas***
  아우레아 메디오크리타스

  황금 중용

- ***in medio tutissimus ibis***
  인 메디오 투티씨무스 이비스

  가운데로 가는 것이 가장 안전하다

- ***carpe diem***
  카르페 디엠

  오늘을 즐겨라

- ***ridere in stomacho***
  리데레 인 스토마코

  분노 속에서 웃는다

- ***vivere est cogitare***
  비베레 에스트 코기타레

  산다는 것은 곧 생각하는 것이다

- ***omnia praeclara rara***
  옴니아 프라이클라라 라라

  모든 찬란한 것은 드물다

- ***amicus certus in re incerta cernitur***
  아미쿠스 케르투스 인 레 인케르타 케르니투르

  확실한 우정은 불확실한 상황에서 드러난다

야마자키 이번 대담에서는 라틴어가 생각보다 우리 일상에 아주 가까이 있다는 점, 그리고 지금까지도 자주 인용되는 격언들이 이미 고대 로마 시대부터 존재했다는 점 등을 함께 이야기 나누고 싶습니다.

라티나 네, 고대 사람들의 사고방식과 사상 중에는 오늘날에도 통하는 것이 많습니다. 역사 교과서에서 접하는 고대 인물들은 멀게 느껴지지만, 사실 그들도 우리와 비슷한 생각을 하며 살아간 가까운 사람들입니다.

야마자키 그 점이 이번 대담에서 가장 중요한 지점 아닐까요? 두 세계관 사이의 거리를 좁히는 과정이라 할 수 있겠지요. 시공간이 아무리 멀리 떨어져 있어도 인간의 사고방식이나 본질은 크게 다르지 않습니다.

　라티나 씨의 책 《세상은 라틴어로 가득하다》에도 저와의 대담이 실려 있는데요, 당시에 우리가 평소 사용하는 라틴어 유래의 단어를 꽤 언급했지요?

라티나   에고, 보너스, 주니어, 프로파간다, 바이러스, 포커스 등을 소개했습니다.

야마자키   일상에서 우리도 모르는 사이에 라틴어를 사용하고 있다는 사실이 참 흥미롭다는 이야기를 나눴습니다. 오디오, 스폰서, 애드리브나 알리바이처럼 흔히 쓰는 단어들도 그 어원은 라틴어입니다. 생각해보면, 세상에는 라틴어에서 비롯한 말이 넘쳐나는 것 같아요. 2000년 전에 쓰이던 단어나 표현을 지금까지도 사용한다는 건 정말 놀라운 일입니다. 심지어 라틴어가 발생한 지역에서 멀리 떨어진 동양에서까지 쓰고 있으니까요. 참고로, 이탈리아에서는 라틴어를 더 많이 들을 수 있답니다. 일상에서 사용되는 라틴어만 적어도 200개 이상은 된다고 해요.

라티나   이번 대담에서는 언어뿐 아니라 사상이나 사고방식, 감정까지도 고대 로마인과 현대인이 닮아 있다는 점을 함께 살펴보고자 합니다.

야마자키   저희가 사전에 각자 다루고 싶은 격언 리스트를 준비했잖아요. 대담을 앞두고 집에서 이탈리아인 남편과 그 리스트를 보면서 이야기를 나누다가 깨달은 사실이 있습니다. 바로 이번 대담에 등장하는 격언의 출처가 대부분 라틴 문학의 황금기 작품이라는 겁니다. 남편은 이러한 격언이 생겨난 시대가 문학적으로는 황금기였지만, 실제로는 고대 로마 역사상 손꼽히는 격동기라고 말하더군요. 저도 '아, 정말 그렇구나' 싶었습니다. 고대 로마의 사회 체제가 공화정에서 제정으로 바뀌어가던 시기에 해당하지요.

제정이 확립되고 전쟁도 상대적으로 적었던 팍스 로마나* 시대는 《테르마이 로마이》** 의 배경이기도 합니다. 루시우스와 같은 목욕탕 건축가가 목욕탕을 공들여 짓기 위해 애썼던 평화로운 시기에는 수십 세기에 걸쳐 전해질 만한 금언이 탄

---

* *Pax Romana*. '로마의 평화'를 뜻하는 라틴어 표현이다. 초대 황제 아우구스투스가 즉위한 기원전 27년부터 제16대 황제 마르쿠스 아우렐리우스 안토니누스가 사망한 기원후 180년까지 로마의 지배를 받는 지중해 세계는 큰 혼란이 없는 안정적인 시기였다.

** '로마의 목욕탕'을 뜻하는 말로, 야마자키의 대표 만화 작품 중 하나이다. 제14대 황제 하드리아누스가 다스리는 고대 로마 제국을 무대로 펼쳐지는 타임 슬립 만화다. 로마의 목욕탕 건축가 루시우스가 현대 일본으로 시간 여행을 반복하며 로마의 목욕탕 문화를 발전시킨다.

생하지 않았어요. 시대를 막론하고 강한 설득력으로 사람들의 마음을 깊이 울리는 격언이란 불안정한 사회 환경에서야 비로소 싹트는 것인지도 모르겠습니다. 모든 것이 불확실한 격동의 시대에 작가들이 여러 감정을 마주하면서 풀어간 말들 속에는 우리가 배울 점이 참 많은 것 같습니다.

○ 망설임을 끝내는 법

라티나 가장 먼저 다루고 싶은 격언은 ***dimidium facti qui coepit habet***입니다. *시작했다면 이미 절반은 달성한 것이다*라는 뜻으로, 고대 로마의 대표 시인 호라티우스가 남긴 말입니다. 저희도 대담을 시작했으니, 이제 절반은 이룬 셈 아닐까요?

야마자키 맞습니다. 만화 작업을 들어 이야기해 보자면, 일단 시작하는 게 참 힘듭니다. 아무것도 없는 흰 종이에 콘티를 그리는 과정이 제일 어려워요. 아마 저를 포함한 많은 작가님이 콘티만 다 그려도 만화를 완성한 기분이 들 겁니다. 만화뿐만 아니라 어떤 분야든 시작이 가장 중요하다는 메시지가 담긴 말이겠지요.

라티나 만화 이야기가 나와서 말인데요, 꼭 전해드리고 싶은 게 있습니다. (가방에서 책을 꺼내며) 《테르마이 로마이 속편》* 1권 구매했습니다. 재미있게 읽었어요.

야마자키 전에 라티나 씨와 대담을 나누어서인지, 이번 작품에서는 라틴어 표기를 더 많이 하게 되었어요. 루시우스가 일본어 발음을 라틴어로 해석하는 장면이 꽤 나옵니다.

    고대 로마 시대에도 시간에 쫓기며 무언가를 만들던 예술가나 창작자가 분명 많았을 겁니다. 그렇게 위대한 문화 대국이 만들어질 수 있었던 이면에는 창작자와 후원자 사이의 관계가 이미 공고하게 자리 잡고 있었을 거예요. 조각을 만들든 건축물을 짓든 마감 기한과 씨름하며 살았던

◆ 《테르마이 로마이》 완결편에서 20년이 지난 루시우스의 모습을 그린 야마자키 마리의 신작.

사람들의 심정이 느껴지는 격언입니다.

라티나 냉정하게 보면, 시작이란 건 전체 과정의 1퍼센트 정도에 불과합니다. 하지만 어떤 일을 할 때는 시작하겠다는 결정이 무엇보다 중요하죠. 따라서 저는 시작이 반이라는 말에 깊이 공감합니다.

야마자키 물론 개인차는 있겠지만, 표현하고 싶은 것이 속에 가득 쌓여 있다면 첫걸음을 내디딜 때 이미 완성된 형태가 머릿속에 그려지는 것 같아요. 레오나르도 다빈치는 미완성 작품을 훨씬 더 많이 남겼는데, 아마 그리기 시작하자마자 완성된 이미지가 보인 게 아닐까요? 만화가 중에도 그런 사람이 꽤 있을 겁니다. 실은 저도 그렇고요. 하지만 그렇다고 모두가 다빈치처럼 한다면 출판사가 곤란해지겠지요. '시작했다는 이유만으로 낙관해서는 안 된다, 아직 완성한 건 아니니까.' 이러한 경고로 받아들여도 좋은 격언이라 생각합니다.

○ 감정의 주인이 되고 싶다면

라티나 호라티우스의 명언을 하나 소개했으니, 그에 관한 이야기를 이어가볼까 합니다. 저는 호라티우스가 남긴 저작물이야말로 명언의 보고라고 생각하거든요. 앞서 다룬 '시작했다면 이미 절반은 달성한 것이다'는 《서간시》 제1권 제2편에 나오는 구절입니다. 그리고 같은 시에 *ira furor brevis est* 분노는 짧은 광기다라는 문장이 실려 있습니다.

여기서 호라티우스가 하려는 말은 '침착하라'는 것입니다. 광기는 피해야 하는 것이니 분노 역시 되도록 피하자는 뜻이죠. 감정에 사로잡혀 있을 때 인간은 감정의 노예가 되지만, 그렇지 않을 때는 인간이 감정을 다스리는 주체가 된다는 의미의 말입니다.

사실 저는 화를 잘 내지 않는 편이어서 감정에 압도되는 기분을 잘 모르겠습니다. 화를 표현하는 데 서툴기도 하고요.

야마자키 저와는 정반대네요. 저는 늘 화를 내서 친구들이 '투덜자키'라고 부를 정도예요.

라티나 분노란 결국 에너지를 소모하는 일입니다. 저는 선을 넘는 상대에게 제 에너지를 쓰는 게 아까워요. 중학교 시절 담임 선생님은 수시로 버럭버럭 하는 분이었어요. 선생님 눈치를 보느라 학급 분위기도 무척 안 좋을 수밖에 없었죠. 저는 늘 '도대체 저 사람은 왜 저렇게까지 화를 낼까?' 하고 생각했습니다.

야마자키 저는 화를 잘 내기는 하지만, 그렇다고 소리를 지르거나 난폭하게 군다는 뜻은 아니에요. 하하. 제가 살고 있는 이탈리아에서는 논리적으로 자기 의사를 잘 표현해야 살아남을 수 있습니다. 그러니까 화를 낸다는 게 욱해서 흥분하는 그런 것과는 좀 달라요.

　이번에 언급하는 위인들 역시 수사학에 능하고, 상황을 언어로 표현하는 능력이 뛰어났습니다. '감정은 말로 표현할 때 비로소 의미가 있다'라는 그들의 생각은 오늘날까지 이어져 현대에서도 빛을 발하는 것 같습니다. 아마 그들에게는 에너지를 낭비한다는 인식조차 없었을 거예요. 오히려 감정을 억누르는 쪽이 더 건강하지 못하다고 봤지요. 물론 모든 감정을 다 쏟아내는 것이 좋으냐 나쁘냐는 별개의 문제지만, 이탈리아인들은 이러한 사고방식이 받아들여지는 환경에서 자랐고 그 성향이 유전적으로 이어져온 사람들이라고 할 수 있습니다.

   제 주위 사람들도 다들 감정을 쌓아두지 않고 즉각적으로 표현해내기 때문에, 저도 감정을 드러내지 않으면 제 의견을 전달하거나 관철하기가 어렵습니다. 일본 사람들은 화를 숨기는 것이 미덕인 문화 속에서 자라지만, 그럼에도 쉽게 발끈하는 경우가 있잖아요. 분노나 불만의 감정을 거침없이 SNS에 올리는 사람도 있고요. 그런 유형의 사람들이 알아두면 나쁠 것 없는 격언입니다. 즉각적으로 튀어나오는 분노를 억제하지 못하는 사람은 어느 시대에나 있기 마련이니까요.

라티나   그런 사람들이 고대 로마에도 많았기 때문에 호라티우스가 이 문장을 쓴 것 아닐까요? 분노를 폭발하는 것을 자제하자는 의미로요.

야마자키   주변을 둘러보면 유난히 감정 기복이 큰 사람들이 있는 것 같아요. 이탈리아에는 유독 그런 이가 더 많다고 느껴지기도 하네요. 저는 다행히 그런 성격은 아니지만, 정말로 화가 나면 역시 말로 맞서게 됩니다. 화는 6초만 참으면 억제할 수 있다기에 직접 실험해 보았는데, 저는 6초로 안 되더라고요. 30초는 필요해요. 그래서 '분노는 짧은 광기다'라는 말이 참 절묘한 표현 같으면서도, 한편으론 다혈질인 사람들의 변명과 같이 들리기도 합니다.

라티나 이탈리아 사람들은 감정 표현에 솔직한 편이군요. 주로 어떤 일에 화를 내나요? 예를 들어, 가게에서 점원에게 화를 내기도 하나요?

야마자키 어떤 것에든 화를 냅니다. 텔레비전 화면에 대고 화내는 사람도 있어요. 부패한 정치인이 화면에 나오면 "너 때문에 이탈리아가 망하는 거야!" 하고 소리치는 식이죠. 길거리에서도 싸우는 사람들을 쉽게 볼 수 있습니다. 네 자전거가 내 자동차에 흠집을 냈다, 내가 그런 거 아니다, 네가 그랬다, 하는 식의 말다툼은 흔해요.

이탈리아 사람들은 기본적으로 감정 표출에 전혀 에너지를 아끼지 않습니다. 운동으로 신체 에너지를 소비하듯 감정적인 면에서도 에너지를 사용하는 것처럼 보여요. 에너지가 넘쳐날 때 달리기나 수영을 하고 싶어지는 것처럼 감정 면에서도 그런 욕구가 생기나 봐요. 모두가 라티나 씨처럼 마음이 너그럽다면 세상은 분명 평화로울 텐데 말이에요.

정리해보면, 이 문장을 통해 고대 로마, 고대 지중해 세계가 얼마나 역동적이었는지 조금이나마 알 수 있습니다.

라티나 그렇습니다. 우리는 고대 세계를 대리석 조각처럼 그저 고요하고 위엄 있는 모습으로 상상하곤 하지만, 실제 로마라는 대도시에서는 온갖 분노와 혼란스러운 감정이 여기저기서 폭발했던 게 아닐까 싶습니다.

야마자키 폼페이 유적의 벽에 남아 있는 낙서를 연구한 책도 있지요.

라티나   네. 낙서를 살펴보면, 상당히 노골적인 내용도 많습니다.

야마자키   화가 많이 담겨 있죠. 누구한테 돈을 빌려줬는데 안 갚는다, 이런 식으로요. 예전에 왜 벽에 그러한 낙서가 남아 있는지에 관해 질문을 받았는데, 저는 고대의 SNS 같은 것이라고 대답했습니다. 말로 표현하지 못한 걸 벽에다 마구 써서 쏟아낸 겁니다.

◇◇◇

야마자키   라티나 씨와는 다르게, 일본인 중에서도 화를 잘 내는 사람이 분명 있을 거예요. 요즘 인터넷에서 '독을 토하는 항아리'라는 것을 팔더군요. 어떤 상품인지 자세히 살펴봤더니 불평이나 스트레스가 쌓였을 때 그 항아리 안에 대고 고함을 쏟아내면서 해소하는, 일종의 감정 쓰레기통이었어요. 고대 로마에서도 팔았으면 아마 잘 팔렸을 겁니다.

라티나   그런 상품도 있군요. 왜, 기분 나빴던 일을 일기장에 쓰기도 하잖아요. 저도 초등학생일 때 그렇게 했던 기억이 있습니다.

야마자키 지금은 안 하시나요?

라티나 네. 이제는 화가 잘 안 나서요.

야마자키 저는 서른 살인 제 아들이 화내는 모습도 본 적이 없어요. 이유를 물어보면 굳이 화내고 싶지 않다고 하더군요.

라티나 아마 세대의 특징일 수도 있어요, 오자키 유타카 반항의 아이콘으로 불린 1980년대 일본의 대표 록 뮤지션 —옮긴이를 동경하던 시대가 끝난 뒤 저희 세대부터는 선생님에게 대드는 것조차 촌스럽다고 여기는 분위기가 꽤 퍼져 있었습니다. 분노나 감정을 폭발하는 사람을 오히려 차가운 시선으로 바라보는 경향이 있었어요. 적어도 제 학창 시절에는 그런 분위기였습니다.

야마자키 감정을 표출하는 게 촌스럽다고 생각하는 거군요. 결국 촌스럽다는 표현으로 감정을 억제하고 회피하는 걸 정당화하는 것 아닐까요? 오자키 유타카 세대인 저로서는 촌스럽다고 여기는 분위기가 감정이라는 기능을 작동시키지 않으려는 태도를 합리화하는 수단처럼 느껴집니다.

라티나 이와 관련해서 조금 비슷한 의미를 지닌 호라티우스의 말이 있습니다. **어떠한 일에도 놀라지 말라**라는 뜻의 **nil admirari**입니다. 이 문장도 《서간시》에 나오는데, 이번에는 제1권 제2편이 아니라 제1권 제6편에 담겨 있습니다. 어쩌면 익숙한 발음이라고 느끼실지도 몰라요. 일본에는 '닐 아드미라리의 천칭'*이라는 게임도 있습니다.

　호라티우스는 nil admirari, 즉 어떤 일에도 놀라지 않는 것이야말로 인간이 행복해지고 또 그 행복을 유지하는 거의 유일한 방법이라고 말합니다. 다시 말해, 괜찮은 삶을 살기 위해서는 무슨 일이 있어도 침착해야 한다는 뜻입니다. 실제로 차분한 사람일수록 쓸데없이 에너지를 소비하지 않고 침착하게 마음을 가라앉히고 평온을 찾습니

◆ 아이디어팩토리 주식회사의 게임 브랜드 '오토메이트'가 2016년 개발한 게임. 실제로는 존재하지 않는 가상 시대인 다이쇼 25년을 배경으로 '닐 아드미라리의 천칭: 제도환혹기담'이 발매되었고, 이후 속편도 발표되었다. 인기에 힘입어 만화와 애니메이션, 연극으로도 만들어졌으며 한국에도 단행본이 발매되었다.

다. 제 생각에도 마음이 안정되면 그만큼 고민도 없고 사는 게 편할 것 같아요. 이탈리아 사람들은 어떤지 궁금하네요. 잘 놀라는 편인가요?

야마자키 사소한 일 하나하나에도 놀라곤 합니다. 특별한 느낌이 더해지면서 더 흥분하는 듯해요. 고대 로마 시대에도 요즘 이탈리아 사람들처럼 호들갑스럽게 놀라는 사람이 많았던 거 아닐까요?

이야기를 듣다 보니 라티나 씨의 해석에는 어딘가 불교 색채가 느껴집니다. 인간은 되도록 감정에 흔들리지 않아야 더 나은 삶을 살 수 있다고 보시는 것 같네요. 호라티우스의 글은 한 가지 해석에 그치지 않고 받아들이기에 따라 동시에 다른 관점으로 생각해볼 수 있다는 점이 참 흥미롭습니다.

오늘날 우리는 어떤 일이든 예상대로 되지 않으면 쉽게 동요합니다. 생각대로 안 되면 "어떻게 이럴 수가 있지?", "말도 안 돼!" 하면서 흥분하곤 하지요. *nil admirari*에는 인생을 살다 보면 무슨 일이든 일어날 수 있으니 어떠한 상황이 닥쳐도 담담하게 받아들이라는 위로의 뜻이 함께 담겨 있는 것 같습니다.

호라티우스가 살았던 시대는 공화정 말기의 권력 투쟁에서 승리하여 로마 제국의 초대 황제가 된 아우구스투스가 다스리던 시절이었습니다. 로마가 공화정에서 제정으로 전환한 격동의 시기였지요. 자신들이 유지해온 일상이 어지럽게 변하더라도 그때마다 놀라거나 불안해하지 말고, 인간 사회란 본래 그런 것이니 초연한 태도를 유지하라는 메시지로도 볼 수 있어요.

세상은 온갖 부조리와 불합리로 가득 차 있습니다. 행복해야 한다는 믿음을 억지로 붙들고 있으면 현실과의 괴리감 때문에 점점 더 고통스러워질 뿐입니다. 어디에도 풀 길 없는 답답한 감정이 밀려올 때 이 말을 떠올리면 마음이 한결 편안해질 겁니다.

라티나   우리는 뜻대로 되지 않을 때도 놀라지만, 반대로 예상보다 일이 잘 풀렸을 때도 지나치게 놀라고 기뻐하지요. 호라티우스는 어떠한 경우에도 놀라지 말라고 합니다.

야마자키 호라티우스는 그리스 철학에 심취했던 사람입니다. 그리스 철학은 불교 철학과 닮은 점이 많아요. 감정에 휘둘리면 좋은 결과를 얻기 어려우니 늘 자기 내면을 돌아보며 감정에 흔들리지 말라고 가르치죠.

호라티우스뿐만 아니라 당시 대다수의 지식인은 그리스 철학에 빠져 있었는데, 이는 로마의 혼란을 눈앞에서 직접 보았기 때문일 겁니다. 그리스 역시 전쟁이 끊이지 않던 곳이라 로마보다 앞서 인간 존재의 본질을 객관적으로 통찰한 주옥같은 격언이 이미 많았고, 로마 지식인들은 그 점에 마음이 끌렸겠지요.

라티나 *aequam memento rebus in arduis servare mentem* 고난 속에서도 평정심을 잃지 말라. 이 문장이 특히 그리스 철학에 심취했던 호라티우스가 할 만한 표현이라고 생각합니다.

야마자키 맞습니다. 그는 "정복당한 그리스가 오히려 로마를 정복했다"라는 말을 남기기도 했어요. 호라티우스의 글에는 그리스의 영향을 크게 받았던 당시 지식인들의 가치관이 담겨 있습니다.

○ 적당함이라는 최고의 선택

라티나   이번에 다룰 문장도 많은 분이 낯설지 않게 느끼실 듯해요. 바로 ***aurea mediocritas*** 황금 중용입니다.

야마자키   중용은 원래 고대 그리스의 철학자 아리스토텔레스가 윤리 철학서 《니코마코스 윤리학》에서 다룬 말이지요.

라티나   그렇습니다. "'황금 중용'을 사랑하는 자는 누구든지 쓰러질 듯한 초라한 집도, 호화로운 대저택도 피함으로써 안정 속에서 타인의 시기 없이 평온하게 살아갈 수 있다." 호라티우스가 《서간시》보다 앞서 발표한 《송가》 제2권 제10편에 나오는 구절입니다. 양극단을 피하고 안전을 추구하라는 삶의 자세가 특히 오늘날 우리의 마음에 깊이 와닿는 듯합니다.

야마자키 사회에서 눈에 띄는 존재로 두드러지기보다는 전체의 조화를 우선시하는 동양권 사회에 특히 잘 어울리는 말입니다. 당시 로마는 다양한 사상과 철학이 유입되면서 여러 가지 사고방식과 이념이 혼재했을 겁니다. 그래서 사람들을 하나로 모으기가 쉽지 않았겠지요. 일단 라틴어라는 언어로 통일을 꾀하긴 했지만, 속주가 늘어날수록 그만큼 다양성의 폭도 넓어졌습니다. 서로 다른 윤리와 종교관을 지닌 사람들이 한데 뒤섞여 있는 상황에서 갈등 없는 조화를 추구하기란 쉽지 않았을 겁니다. 그때 로마인들은 자신의 신조인 '관용'이라는 말을 떠올립니다. 황금 중용은 바로 그 관용과 통하는 말입니다.

*aurea*는 '황금', *mediocritas*는 '중용'을 뜻합니다. 이탈리아어로는 mediocre 또는 mediocrità라고 하는데, 라틴어와 달리 '별로야', '시시해'와 같은 의미로 사용됩니다. 오히려 중용을 비난하는 뉘앙스가 담겨 있어요.

이 점에서 고대 로마 사회와 개인주의가 확립된 현재 이탈리아 사회의 차이가 뚜렷하게 드러나는 것 같습니다.

라티나 '보통'을 뜻하는 영어 단어 mediocre도 마찬가지입니다.

야마자키 *mediocritas*를 '중용'이라는 번역문으로만 읽으면 그 의미가 잘 와닿지 않지만, 이탈리아어를 알고 라틴어 *aurea mediocritas*를 읽으면 눈에 띄지 않고 아무것도 아닌 존재, 오히려 어리석을 정도로 평범한 상태가 더 좋다는 인상을 받게 됩니다.

라티나 중용과 관련된 표현은 또 있습니다. ***in medio tutissimus ibis*** 가운데로 가는 것이 가장 안전하다라는 뜻의 라틴어 문장입니다. 호라티우스가 한 말은 아니지만, 그 취지는 비슷하다고 볼 수 있습니다.

야마자키 호라티우스와 마찬가지로 고대 로마를 대표하는 시인인 오비디우스의 말이지요. 둘은 같은 시대를 살았습니다.

라티나 맞습니다. 두 사람 다 아우구스투스 황제가 통치하던 시대에 존재했던 인물입니다. 이 문장은 총 15부로 이루어진 오비디우스의 유일한 서사시이자 대표작인 《변신 이야기》에 나옵니다. 오늘날에는 중용을 권하는 교훈으로 사용되곤 하죠.

원문의 맥락은 이렇습니다. 태양신 아폴론의 아들인 파에톤이 태양의 마차를 몰고 싶어 합니다. 그러자 아버지는 "너무 위로도 몰지 말고, 너무 아래로도 몰지 말아라. 가운데로 가는 것이 가장 안전하다"라고 충고합니다. 하지만 파에톤은 아버지의 말을 듣지 않았고, 결국 마차를 제대로 제어하지 못해 큰 재앙을 불러오고 맙니다.

신화 속 에피소드에 등장하는 대사 한 줄이 훗날 중용을 권하는 모토가 된 것입니다.

야마자키   거듭 말씀드리지만, 이들이 살았던 시대는 공화정이 무너지고 군주 제도의 정치로 옮겨간 큰 변혁기, 다시 말해 격동의 시대였습니다. 사람들이 침착성을 유지하는 데 어려움을 겪는 것은 어쩌면 당연한 일이었어요. 혼란스러운 시기에 등장한 이러한 격언은 사람들의 마음을 진정시키는 효과가 있었던 것 같습니다.

오비디우스는 당시 사람들의 생활상에 주목하고 세심하게 관찰하여 이를 작품에 담는 작가였습니다. 따라서 그의 말에는 유독 설득력이 실립니다. 거꾸로 이러한 격언이 등장하고 퍼지기까지 얼마나 혼란과 동란이 가득했을지 시대적 배경을 짐작해볼 수 있습니다.

라티나   맞습니다. 아우구스투스 황제가 제정을 수립하기 이전부터, 막강한 권력을 쥔 율리우스 카이사르*가 왕이 되려 한다는 소문이 돌고 삼두정치**가 등장하는 등 실제로 사회가 크게 변화하던 시대였습니다.

야마자키   오비디우스와 같은 지식인들은 이러한 상황을 눈앞에서 바라보며 어떻게 하면 이 혼란에 휘말리지 않고 살아남을 수 있을지 늘 고민했을 겁니다.

---

* 줄리어스 시저라고도 불린다. 생몰년은 기원전 100년~기원전 44년. 공화정 말기에 군인으로서 두각을 나타내며 내전에서 승리하고 독재 권력을 얻었지만, 결국 공화파에 의해 암살당했다. 카이사르의 양자인 옥타비아누스가 훗날 아우구스투스 황제가 된다.

** 로마 공화정 말기에 세 명의 유력 정치인이 권력을 나눠 가진 과두정치를 말한다. 제1차 삼두정치(기원전 60년~기원전 49년)는 카이사르, 폼페이우스, 크라수스 간의 비공식 정치 동맹이었고, 제2차 삼두정치(기원전 43년~기원전 32년)는 안토니우스, 옥타비아누스, 레피두스가 참여한 공식 권력 연합이었다.

그래서 '황금 중용'이나 '너무 화내지 말라'와 같은 말을 만들며 파란만장한 일상이 평온해지기를 바랐던 것 아닐까요?

○ 불안을 멈추는 기술

라티나 마지막으로 소개하고 싶은 호라티우스의 문장은 ***carpe diem* 오늘을 즐겨라**입니다. 황금 중용을 뜻하는 *aurea mediocritas*도 그렇지만, 호라티우스의 격언은 단어의 조합에서 의외성이 돋보이는 경우가 많습니다. '황금'과 '중용'이라는 조합도 흔히 볼 수 없는 결합이지요. 호라티우스의 시를 읽다 보면 이러한 독특한 표현이 자주 등장한다는 것을 알 수 있습니다.

    carpe diem 역시 그중 하나로, 문자 그대로 해석하면 '하루를 따서 거두라'가 됩니다. 이 표현만 봐서는 무슨 말인지 알기 어렵습니다. 하지만 문맥을 함께 살펴보면 매일매일 열매를 따서 거두듯 순간을 최대한 즐기라는 의미로 해석할 수 있습니다. 다시 말해, 앞날을 걱정하지 말고 오늘을

즐기라는 말입니다.

야마자키　〈곤돌라의 노래ゴンドラの唄〉라는 일본의 옛날 노래는 "인생은 짧으니 사랑하라 소녀여"라는 가사로 시작합니다. 고대 로마의 하드리아누스 황제가 임종 직전에 남긴 시 역시 자신의 유한한 삶을 아쉬워하는 내용을 담고 있습니다. 금세 사라질 인생을 안타까워하는 마음은 시대와 문화를 초월하여 인간이라면 누구나 공감할 수 있는 감정이지요. 호라티우스가 우연히 *carpe diem*이라는 말로 정리했을 뿐, 어쩌면 형식은 달라도 전 세계 어디에서나 '오늘 하루를 소중히 여기며 살라'는 가르침은 동일하게 존재해왔던 것 아닐까요.

　삶과 죽음을 되돌아보게 하는 이러한 문장은 파란만장한 인생을 살아온 끝에 도달한 원숙한 정신에서 비롯합니다. 인생을 즐겁게 살다 보면 죽고 싶지 않다고 느끼기 마련이지만, *carpe diem*은 오히려 죽음을 당당히 맞이하기 위한 마음가짐을 일깨워주는 격언이라고도 할 수 있습니다.

　내일 무슨 일이 일어날지 모른다, 예를 들어 전쟁에 끌려가 죽을지도 모른다거나 야만족이 쳐들어와 목숨을 잃을지도 모른다거나 하는 위기감은 고대 로마인뿐 아니라 그전에도 그 후에 살던 사람들도 늘 안고 살았던 문제입니다. 세계 곳곳에서 폭력이 이어지는 오늘날도 마찬가지고요.

*carpe diem*은 로마의 모든 기념품 가게에서 마그넷으로 만들어 팔 만큼 세계적으로 유명한 격언입니다. 언제 끝날지 모르는 인생이기에 오늘 하루를 의미 있게 살아가라는 이 말은 이 지구에 존재하는 모두에게 꼭 필요한 말인지도 모르겠습니다.

라티나   누구나 할 수 있는 흔한 사상도 호라티우스의 손을 거치니 *carpe diem*이라는 강렬한 말이 되어 널리 알려지게 되었습니다. 이것이 바로 호라티우스의 뛰어난 능력이겠지요.

야마자키   그 시대 지식인들은 모두 수사학, 즉 '레토릭한' 언어 구성법을 배웠습니다. 호라티우스는 아마도 문장이 짧을수록 사람들 마음에 더 깊이 와닿는다는 사실을 잘 알고 있었던 것 같아요.

◇◇◇

라티나 이 장에서 계속 언급하고 있는 호라티우스라는 인물에 대해서도 더 자세하게 이야기하고 싶습니다. 그는 시인이었는데, 이야기가 담긴 서사시보다는 풍자와 교훈이 담긴 시를 주로 남겼습니다. 따라서 그의 문장은 자연스레 격언으로 자주 인용됩니다.

야마자키 저희가 이 책을 집필하기 전에 가제로 정해두고 후보로 골랐던 좌우명으로 삼기 좋은 라틴어 목록에도 호라티우스의 문장이 압도적으로 많았습니다. 그만큼 그가 남긴 것 중에 역사 속에서 계속 인용되어온 말이 많았다는 뜻이지요. 호라티우스는 시대나 사회가 어떻게 변하든 사람들의 사고방식이 얼마나 다르든 인간이라면 보편적으로 생각하는 것을 예리하게 포착해내는 능력을 지녔던 사람입니다. 누구나 빠지기 쉬운 오류나 함정까지 포함해서요.

라티나 그는 자신의 시에서 특히 "젊은 시절이 좋았다",

"옛날이 좋았다"라고 말하는 사람을 부정적으로 그리고 있습니다. 사실 "내가 젊었을 때는 말이야……"라는 말을 자주 하는 사람은 오늘날에도 별로 인기가 없지요. 수천 년이 지나도 공감을 얻는 내용을 많이 썼기 때문에 오랫동안 널리 인용되는 것 같습니다.

야마자키   시대가 달라져도 인간의 생각은 변하지 않는다는 것을 잘 보여주는 예네요. 저도 예전에는 어른들이 그런 말을 하면 "그래서 어떻게 하라고요? 그럼, 옛날로 돌아가시든가요"라며 반발하곤 했는데요, 당시 젊은이들도 비슷하게 반응했을지 모릅니다. 우리는 고대 로마 시대를 하나로 뭉뚱그려 생각하곤 하지만, 그 안에도 과거, 현재, 미래가 있었다는 것을 생각해보게 됩니다.

○ 어른의 품격을 유지하려면

라티나   호라티우스에 대해서는 일단 여기까지 하고요, 이번에는 새로운 격언을 이야기해 보겠습니다.

ridere in stomacho 분노 속에서 웃는다라는 말입니다. 공화정 말기의 정치인, 변호사, 철학가이자 라틴어 산문의 대가였던 키케로는 편지에 정적인 카이사르에 대한 농담을 적고 그 뒤에 "나는 분노 속에서도 웃는다. 그런 사람이다"라고 썼습니다.

화가 날 때도 웃는다는 것은 어떤 의미일까요? 어떤 상황에서도 유머 감각을 잃지 않는다는 해석도 가능하겠지만, 솔직히 저로서는 이해하기가 어렵습니다. 이건 야마자키 씨가 고르신 문장이니, 좀 더 설명해주세요.

야마자키 왜, 분노하고 화를 내다 보면 점점 어이가 없어지고 웃음이 나올 때가 있지 않나요? 저희 어머니는 저를 꾸짖다가도 "아, 이제 웃을 수밖에 없다!" 하면서 화를 멈추곤 하셨어요. 물론 분노의 종류에 따라 다르겠지만, 비슷한 경험이 누구나 한 번쯤은 있을 거예요.

이처럼 분노할 만한 상황에 웃음을 보이는 것은 상대에게 자신이 흔들리지 않음을 보여주는 효과도 있습니다. 문제에 대한 가치관이나 받아들이는 방식의 차이를 비웃는 것일 수도 있고, 상대방에게 자신의 관용을 자랑하는 의미가 될 수도 있지요. 라티나 씨도 여러 사람을 만나다 보면 언젠가 이러한 상황을 겪게 될지도 모릅니다.

라티나 저도 앞으로 그런 느낌을 경험하게 될까요? 기대됩니다. 어쩌면 조만간 다채로운 감정을 느낄 수 있을지도 몰라요. 드디어 이탈리아에 갈 계획을 세웠거든요.

야마자키 그러시군요! 아마 일본에 있을 때는 사용하지 않던 여러 감정 언어를 구사하게 될 거예요.

라티나 어쩌면 내년쯤에는 성격이 달라져 있을지도 모르겠습니다.

야마자키 이탈리아에 직접 방문해보면, 왜 이런 격언들이 생겨났는지 이해하실 겁니다. 새로운 감정을 경험하는 건 아주 좋은 일이지요. 그런 경험을 통해 키케로가 남긴 다혈질적인 말들도 자연스레 공감하게 될지 모릅니다.

　키케로라는 인물은 화를 잘 내는 사람이었던

것 같아요. 똑똑한 사람은 지적 수준이 안 맞는 사람과 대화할 때 짜증이나 화가 날 수 있다고 생각합니다. 어쩔 수 없는 일이죠. 어쩌면 키케로는 그런 자신의 속마음을 깨닫고 문득 어처구니없다고 느껴져서 웃었을지도 모릅니다. 인생 경험이나 학습 경험이 풍부한 사람일수록 그런 경향을 보일 수 있겠지요.

라티나 야마자키 씨는 카이사르 이야기를 자주 하시던데, 카이사르의 정적인 키케로에 대해서는 어떻게 평가하십니까?

야마자키 카이사르에게 특별히 동조하는 건 아니에요. 따라서 키케로를 싫어하지도 않습니다. 키케로는 아마도 굉장히 머리가 좋았고, 자기와 같은 수준으로 대화하지 못하는 사람들을 얕잡아 보는 성격이었던 것 같아요.

군인이었던 카이사르는 뛰어난 지도력과 카리스마를 지니고 있었습니다. 웅변에 능했고 글도 잘 썼지요. 남녀노소 불문하고 많은 사람을 사로잡는 매력도 겸비했죠. 어쩌면 키케로는 이러한 카이사르에게 시기와 질투를 느낀 게 아닐까 싶어요. 카이사르는 누구나 시기할 만한 인물이긴 했지만, 키케로 입장에서는 똑같은 정치인이었다는 점도 신경 쓰였을 거예요. 그러나 키케로는 카이사르와 달리 확실히 학구적인 인물이었기 때문에 라틴 문학 분야에서는 카이사르보다 훨씬 더 높은 평가를 받고 있습니다.

라티나 키케로가 쓴 글들은 지금까지도 라틴어 산문 중 최고라고 평가되고 있습니다. 말년에는 마르쿠스 안토니우스*를 적으로 돌리는 바람에 암살당하고 말았지만요. 마르쿠스 안토니우스를 규탄하는 키케로의 연설문을 읽다 보면, 읽는 사람이 다 불안해집니다. '이런 말을 했다간 목숨이 위태로울 텐데!' 하고 말이죠.

야마자키 죽음을 두려워하거나 신변을 걱정하기보다 자신의 사상을 주장하고자 하는 의지가 강했던 것이

---

* 공화정 말기의 정치인. 제2회 삼두정치의 구성원 중 한 사람이었지만 옥타비아누스와의 대결에서 패한다. 셰익스피어의 작품이 된 클레오파트라와의 관계도 유명하다.

겠지요. 고대 로마인들이 죽음을 대하던 태도는 오늘날 우리와 다릅니다. 긍지 있는 죽음이라면 언제든 맞이해도 좋다고 여겼어요. 죽은 뒤에 얼마나 오랫동안 자신의 이름이 전해지느냐를 더 중요하게 여겼습니다.

    로마인들이 조각상이나 석상을 많이 만들고 거기에 비문을 새긴 이유는 그 사람의 존재를 후대에도 알리기 위해서였습니다. 라티나 씨처럼 20세기가 지난 지금도 그 비문에 새겨진 라틴어에 관심을 가지는 사람, 또 저처럼 옛 황제의 모습을 연구하고 표현하는 작가가 존재한다는 것은 이러한 관점에서 봤을 때 매우 큰 성취라고 할 수 있겠네요.

    인생은 무척 짧으므로 현재를 마음껏 즐길 수 있는 시간도 그리 길지 않습니다. 하지만 그 짧은 시간 동안 무엇을 창조했는지, 또 자신의 이름을 얼마나 오랫동안 많은 사람에게 남겼는지를 기준으로 본다면 키케로는 누구보다 큰 성공을 거둔 셈입니다.

라티나   맞습니다. 키케로는 역사적으로 크게 성공한 인물입니다. 그가 한 연설은 연설의 본보기로 자리 잡았으며, 그가 쓴 철학책은 지금까지도 널리 읽히고 있습니다.

○ 삶에 의미를 부여하는 방법

라티나 키케로는 지금 저희가 하는 것처럼 대화 형식으로 전개되는 철학서 《투스쿨룸 대화》를 남겼습니다. 거기에 *vivere est cogitare* *산다는 것은 곧 생각하는 것이다*라는 문장이 실려 있습니다.

키케로는 이 책에서 "영혼은 비록 시각이 없어도 즐거움을 느낄 수 있다"라고 말합니다. 다만 학식 있는 사람의 경우라고 덧붙였습니다. 학식 있는 사람에게 삶이란 곧 사유이며, 그 사유 속에서 기쁨을 발견할 수 있다는 의미입니다.

사실 저는 생각에 빠지기를 별로 좋아하지 않습니다. 혼자서 생각에 잠겨 있으면 마음이 가라앉고 우울해지거든요. 그래서 되도록 생각은 내려놓고, 좋아하는 사람과 함께 맛있는 음식을 먹거나 놀이공원에 가는 걸 선호합니다. 키케로가 말한 학식 있는 사람과는 거리가 멀지요.

야마자키 씨는 어떠신가요? 삶이란 곧 생각하는 것이라고 보시나요?

야마자키   저는 키케로의 말에 전적으로 동의합니다. 인간은 지성을 가지고 있어요. 그렇다고 다른 동물보다 우월하다는 뜻은 아닙니다. 오히려 이 지구에서 잘 살아남기 위해서는 다른 동물들보다 더 많이 노력해야만 하는 숙명을 지니고 있죠. 그 노력이란 바로 지성을 훈련하는 일, 즉 생각하는 것입니다. 지성은 어떻게 갈고 닦느냐에 따라 훌륭한 것이 될 수도 있고 독이 될 수도 있어요. 지성을 기르는 훈련을 게을리하는 인간은 마치 날개를 사용하지 않는 새, 혹은 다리를 움직이지 않는 말과 똑같다고 생각합니다.

저희 집에는 고양이, 금붕어, 곤충이 있는데요, 모두 자신의 타고난 기술을 온 힘을 다해 사용하며 열심히 살아갑니다. '효율이 안 나오니 괜히 애쓰지 말고, 대충 뒹굴뒹굴하며 지내야겠다'라는 태도는 찾아볼 수 없어요. 사실 고양이는 좀 그런 것 같지만, 적어도 곤충이나 금붕어는 그렇지 않습니다. 하하.

 지성이라는 건 한번 귀찮다는 생각이 들기 시작하면 점점 더 사용하지 않게 됩니다. 누워 있는 게 습관이 되면 운동하기 더 싫어지는 것과 똑같아요. 그런데 오래 살고 싶다고 신체 건강만 너무 챙기다 보면 인간은 금방 야만스럽게 변하기 마련입니다. 물론 생각하는 건 귀찮은 일이지만, 그렇다고 생각을 멈추면 윤리가 무너지고 사회는 큰 혼란에 빠지고 말 겁니다.

 우리 호모 사피엔스는 온갖 생각을 하고 그 생각을 발전시키며 살아남은 생물입니다. 사유할 때 비로소 의미 있는 존재이지요. 종족을 번식하고 가족을 만드는 일도, 사회를 형성하고 유지하는 일도 모든 것이 생각 없이는 이루어질 수 없는 일들입니다. 따라서 '산다는 것은 곧 생각하는 것이다'라는 말은 지극히 당연한 이야기입니다.

 '생각해봐야 별수 없다', '아무 고민도 하기 싫고 그저 누군가에게 의지하고 싶다'는 삶의 태도는 극악한 사람에게 지배당하여 꼼짝 못 하게 되는 결과로 이어집니다. 역사 속에서 이미 수없이 입증되었어요. 생각을 멈춘 삶은, 자기 자신이 아니라 타인을 자기 색으로 물들이려는 위정자들을 위한 것일 뿐입니다. 이런 삶이 계속되면 우리는 그들에게 영혼을 팔아버리고 이를 자각조차 하지 못하는 상태가 되고 맙니다. 역사적으로 각종 학살에 가담했던 인물들이 그런 예가 아닐까요? 생각하지 말라는 것은, 인간이기를 포기하라는 말과 같습니다.

라티나 그렇군요.

야마자키 키케로가 살았던 시대에도 쾌락을 추구하면 그만이라고 생각하는 사람들이 적지 않았습니다. 카이사르 역시 빚을 지면서까지 물 쓰듯 돈을 쓰는 에피큐리언, 즉 쾌락주의자였지요. 키케로는 그러한 가치관에 회의적이었던 것 같습니다. 키케로는 원래 회의주의자였으니까요. 모든 일에 의심을 품는다는 것은, 어떤 것에든 '과연 이게 정말로 괜찮은 걸까'라고 생각해야 하는 일입니다. 에너지를 많이 써야 하는 일임에는 분명하지만, 키케로는 이 점을 게을리해서는 인간의 기능을 다하지 못한다고 생각했을 것입니다.

키케로가 권장한 이러한 사상은 14세기 이후에 르네상스라 불리는 문예 부흥을 일으킨 사람들에 의해 계승됩니다. 고대 로마 황제들이 기독교로 개종하고 중동에서는 이슬람교가 발생하면서, 사람들은 이단으로 지목되어 탄압받지 않기 위해 종교 윤리와 규칙을 따랐습니다. 자유로운 사상과 사고방식의 모색을 그만두었지요. 영향력 있는 이단은 붙잡혀 제거되었고, 회화든 조각이든 종교와 관련된 작품만 만들어졌습니다. 지성은 일종의 전족 상태에 놓이게 되었습니다.

그러나 시간이 흐르면서 이러한 시대적 분위기에 점차 맞서는 정치인과 예술가들이 등장하기 시작합니다. 그들의 사상은 훗날 르네상스(재생)라고 이름 붙여진 문화적 변혁기에 매우 널리 받아들여집니다. 완전히 어둠 속에 묻혀 있던 키케로의 저서는 14세기에 이르러 페트라르카에 의해 세상에 드러났습니다. 르네상스의 문을 연 대표적 인물이라고 평가받는 시인이죠. 이에 따라 키케로에 대한 평가도 새롭게 조명되었어요. 이러한 점에서 르네상스와 키케로는 매우 밀접한 관련이 있습니다. 키케로처럼 성미 급하고 비효율적인 삶을 살았던 지식인이 칭송받는 시대가 된다는 것은 사실 위대한 시대의 개막을 의미한다고 말할 수 있습니다.

라티나 저도 인간에게 주어진 기능을 자각하고 생각하는 노력을 기울여야겠다는 생각을 해보게 됩니다.

야마자키 호라티우스 바로 다음으로 키케로를 다룬다는 점이 무척 재미있습니다. 라티나 씨는 호라티우스의 문장을 제일 처음으로 가져오셨어요. 호라티우스는 불화를 일으키지 않고 감정을 억제하는 '에너지 절약파'였습니다. 만신창이가 되더라도 생각을 게을리하지 말라고 호소했던 키케로와는 정반대의 태도지요.

저는 이 두 사상을 함께 익히는 것이 중요하다고 생각합니다. 적극적이고 에너지 넘치는 감정을 갖는 동시에 이러한 감정을 억제하는 기술을 갖추는 것은 지성을 지닌 인간에게 무엇보다 중요한 일 아닐까요? 그런데 이처럼 감정을 컨트롤하는 일이야말로 지성의 작동을 게을리해서는 이뤄지지 않습니다. 게으름은 위험하다고 주장한 키케로의 경고는 새겨들을 만합니다.

 이탈리아 사람들은 평범한 이들도 일단 한번 말을 시작하면 다들 그럴듯한 사상가 같은 인상을 풍기곤 합니다. 생각과 감정을 다루는 데 에너지를 많이 사용하는 삶을 사는 사람들은 대체로 대하기 까다롭긴 하지만, 사고라는 기능을 골고루 활용한다는 점에서는 감탄하게 됩니다.

 체력이 부족하면 달리기를 하거나 근력 운동을 해야겠다고 하잖아요. 사고력도 마찬가지입니다. 사고력이 떨어지지 않도록 잘 관리하면, 혹시 시간 여행에 휘말려 갑자기 고대 로마에 가더라도 키케로 선생님께 혼날 일은 없을 겁니다. 하하.

◦ 힘든 시간이 주는 선물

라티나 키케로의 ***omnia praeclara rara* 모든 찬란한 것은 드물다**라는 문장도 소개하고자 합니다. 키케로가 우정에 관해 쓴 《라일리우스 우정론》의 한 구절입니다. 키케로가 옛 정치인 라일리우스의 입을 빌려 쓴 대화 형식의 책으로, 라일리우스가 사위에게 우정에 대해 말하는 내용이지요.

키케로는 이 책에서 다음과 같이 말했습니다. "우정을 나눌 가치가 있는 사람은 내면에 사랑받을 이유를 지닌 사람이다. 그리고 그런 사람은 드물다. 왜냐하면 모든 찬란한 것은 드물기 때문이다." 이는 어떤 친구를 찾아야 하는지에 대한 맥락 가운데 나온 문장입니다. 어떤 친구를 사귀어야 하는가에 관해서도 이번 기회에 이야기 나눠 보려 합니다.

저는 다정한 사람이라면 친구로 지내고 싶어집니다. 반대로 차가운 사람과는 그 사람이 아무리 유식해도, 아무리 부자여도 친구가 되고 싶지 않아요. 야마자키 씨는 어떠신가요?

야마자키   마음이 따뜻하고 순수한 라티나 씨답네요. 저는 지금까지 인생의 단맛, 짠맛, 신맛, 쓴맛을 모두 맛보았습니다. 온갖 사람들과 관계를 맺으며 기쁨도 겪고 상처도 받아봤지요. 이러한 과정을 반복해서 겪다 보면 사람을 사귈 때 기대가 없어집니다. 겉으로는 친절하고 좋은 사람인 줄 알았는데 알고 보니 철저하게 계산적이었던 사람도 수 없이 겪어봤거든요. 저는 상대방이 호감이냐 아니냐에 딱히 구애받지 않고, 그저 크게 불쾌하거나 혐오스럽지만 않으면 누구와도 그럭저럭 어울리며 지낼 수 있습니다. 그런데 라티나 씨는 나이가 어떻게 되세요?

라티나 서른하나입니다.

야마자키 그렇군요. 라티나 씨도 앞으로 살다 보면 분명 이런저런 사람들을 알고 지내게 될 거예요. 옛날 말로 전화번호부가 채워진다고 하죠. 하지만 연락처를 아무리 많이 갖고 있어도 얼마쯤 나이를 먹고 보면 그중에서 연락을 계속 이어가는 사람은 정말 몇 안 될 겁니다. 물론 사람마다 다르니까 단언할 수는 없겠지만, 친한 선배가 말하길 누구와도 폭넓게 어울리며 친구로 지내는 식의 인간관계는 오십 대를 정점으로 점점 정리된다고 하더군요. 제 주위를 봐도 대체로 그래요.

정리하자면, 삶의 어느 시점부터는 친구라는 개념이 변하는 것 같아요. 감정을 소모하지 않는 것을 전제로 한 우정이란, 결국 자신의 편의에 따라 맺는 얕은 관계일 뿐입니다. 저는 이제 그런 상대를 친구라고 생각하지 않아요. 서로 이해관계를 따지지 않고 사귈 수 있는 사람, 눈치 보거나 부담 갖지 않고 필요할 때 도움을 주고받을 수 있는 사람이야말로 진정한 친구라고 생각합니다. 하지만 이러한 관계에 도달하기까지는 사람들 사이에서 배신당하고 상처받고 슬퍼하고 괴로워하기를 반복해야만 하지요.

키케로도 어쩌면 가까운 친구라고 믿었던 사람에게 배신당한 경험 등으로 관계에 회의를 느끼고, 주변이 많이 정리된 상황이었을지도 모릅니다. 온갖 슬픔과 실의를 겪어봤기 때문에 모든 찬란한 것은 드물다는 말을 남길 수 있었던 것 아닐까요?

이 말은 관계의 본질을 꿰뚫고 있습니다. 세상에는 모든 걸 긍정적으로 바라보도록 부추기는 노래나 영화, 드라마 등이 많습니다. 매일 열심히 사는 사람들에게 그러한 부드러운 격려만이 힘이 될 것 같지만, 사실 피상적인 위로의 말은 때로 아무런 효력도 발휘하지 못합니다.

인간이란 존재는 사소한 계기로 난폭해집니다.

사회의 흐름이나 규칙에서 조금만 다른 상황에 처해도 이단아로 낙인찍혀 따돌림을 당하기 십상입니다. 믿었던 이에게도 언제든 배신당할 수 있습니다. 오늘의 친구가 내일의 적이 될 수 있습니다. 그럴 때, 어떤 긍정적인 격려의 말보다 '모든 찬란한 것은 드물다'라는 말을 떠올리는 편이 위로가 되기도 합니다. '역시 인간이란, 인간 사회란 원래 그런 거니까' 하고 일어설 수 있을 거예요. 비관적이라고 보는 사람도 있겠지만, 저로서는 무책임하게 낙관적인 말보다 훨씬 더 설득력 있다고 생각합니다.

애인보다 우정을 나눌 친구를 찾는 게 더 어렵다는 말도 있지요. 어쩌면 키케로와 카이사르도 좋은 친구가 될 수 있었습니다. 하지만 사회 정세가 불안정할 때는 아무리 훌륭한 사람들이라도 서로 적이 되곤 합니다. 이 말이 생긴 데에는 이러한 사회적 배경도 어느 정도 영향이 있었을 겁니다.

라티나   야마자키 씨의 이야기를 들으니, 키케로가 《라일리우스 우정론》에서 인용한 라틴 문학 초기 시인 엔니우스의 격언이 떠오릅니다. *amicus certus in* *re incerta cernitur* 확실한 우정은 불확실한 상황에서 드러난다는 말이죠.

야마자키 지금까지 제가 길게 한 이야기에 대한 간결한 답변이네요.

라티나 야마자키 씨는 엔니우스의 사상에 이미 도달하신 것 같습니다.

야마자키 자기 자신에게 실망하고 자포자기할 때, 모두가 나를 비난하고 세상에 나 혼자 고립되었다고 느껴질 때, 아무도 나를 알아주지 않을 때도 함께 있어주는 사람이 제가 생각하는 진정한 친구입니다. 진짜 우정이란 이해타산이나 위선에서 비롯되는 것이 아니라 이타 정신에서 나옴을 나타내는 말입니다.

라티나 저도 앞으로 친구들과 갈등이 생길 수 있겠지요. 그 가운데 오랜 세월이 흘러도 진정한 친구라 부를 만한 사람이 있었으면 좋겠습니다.

야마자키 살다 보면 그런 사람은 반드시 만나게 되어 있습니다. 수십 년을 살다 보면, 결국 있는 그대로의 자기 모습으로 사귄 사람만 곁에 남아요. 엔니우스도 아마 정말로 어려울 때 누군가가 옆에 있어 주었을 거예요. 그러니 이러한 말을 남길 수 있었겠지요.

라티나 야마자키 씨의 친구 관계 에피소드도 여쭤보고 싶습니다.

야마자키 저는 인간관계를 오랫동안 이어가는 데 서툰 편입니다. 친한 사람에게도 꾸준히 연락을 못 하거든요. 그리고 워낙 혼자 있는 걸 좋아합니다. 저는 어릴 적 아버지가 일찍 돌아가셨고 연주자였던 어머니도 오케스트라 일로 집에 잘 안 계셨어요. 혼자 여동생을 돌보면서 저만의 세상에 빠져 있을 때가 많았죠. 책을 읽는 게 누군가와 시간을 보내는 것보다 즐거웠습니다.

　이탈리아에 갈 때도 한 마디 말도 없이 학교를 그만두었어요. 반 친구들이 뒤늦게 소식을 접하고 서운함을 표하더군요. 친구 사이에 왜 아무 말도 안 해주었냐고요. 하지만 그때쯤부터 제 안에는 이미 엔니우스의 말과 같은 마음이 있었던 것 같습니다. 고독을 두려워하지 않고 자신의 인생을 걸어가다 보면 정말로 필요한 만남은 저절로 생길 거라고 믿었어요. 의도적으로 노력해서 친구를 찾는 것이 아니라 좋은 인연을 자연스럽게 만나길 기다렸습니다. 그리고 실제로 그런 만남이 몇 번 있었어요.

최근에는 초등학교 6학년 때 친하게 지냈던 친구가 제 홈페이지를 통해 연락을 해왔습니다. 만나서 함께 밥을 먹었어요. 45년 만이었는데도 전혀 어색하지 않더군요. 서로 완전히 다른 인생을 걸어가고 있지만, 한때라도 순수하게 즐거운 시간을 함께 보낸 사람과는 언제고 이렇게 다시 이어질 수 있구나, 하고 생각했습니다.

라티나 그런 일이 있으셨군요.

야마자키 네. 그 친구는 제가 방송에 나오는 걸 볼 때마다 저를 만나고 싶었다고 해요. 언젠가는 분명 다시 만날 수 있으리라 믿으며 지냈다고 합니다. 그런데 큰 병에 걸리자 마음먹고 제 홈페이지로 메시지를 보낸 거예요. 그동안 억지로 만나려고 하지 않았던 것도, 불안한 상황에서 저를 떠올려준 것도 무척 고마웠습니다. 이러한 관계는 자주 만나지 못해도 계속 친구로 남을 거라는 확신이 생겼습니다.

라티나 와, 놀랍네요. 정말 멋진 우정입니다.

야마자키 마음속 이야기를 거리낌 없이 나눌 수 있는 친구, 일상의 사소한 푸념도 솔직하게 털어놓을 수 있는 친구가 단 한 사람이라도 있다면 그 관계가 얼마나 소중한지 모릅니다. 때로는 친구로부터 지나치게 신랄한 비판을 들을 수도 있어요. 그럴 때는 순간 위축될 수 있지만, 곰곰이 생각해보면 그 친구의 말에도 분명 일리가 있을 거예요. 좋은 친구란 그저 번지르르한 말로 위로하기보다, 듣기 싫은 말이라도 상대를 진심으로 생각해서 자기 의견을 확실하게 얘기해줄 수 있는 사람일지도 모릅니다.

라티나   저는 《해리 포터와 마법사의 돌》을 통해 필요하다면 친구와의 갈등도 피하지 않을 용기를 배웠습니다. 우정을 배우기에 참 좋은 책이에요.

야마자키   동의합니다. 《해리 포터》 시리즈는 친구란 어떠해야 하는지를 생각하게 하지요.

　정리해보자면, 저에게 진정한 친구란 사상이나 신념이 다르고 사람을 대하는 방식이 아무리 달라도 있는 모습 그대로 서로를 존중하며 만날 수 있는 관계를 의미합니다. 나에게 친절하고 나를 배려해주는 것도 중요하지만, 그에 앞서 서로에 대한 존중이 있으면 친절은 저절로 따라옵니다.

제2장

새로운 도전을
앞두고 있을 때

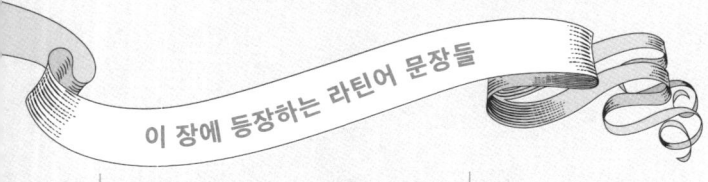

이 장에 등장하는 라틴어 문장들

- ***possunt, quia posse videntur***
  포슌트, 퀴아 포쎄 비덴투르
  할 수 있다고 믿으므로 할 수 있다

- ***ne cede malis,
  sed contra audentior ito***
  네 케데 말리스,
  세드 콘트라 아우덴티오르 이토
  악에 굴하지 말고 용감하게 맞서라

- ***audentes fortuna iuvat***
  아우덴테스 포르투나 이우바트
  행운은 담대한 자의 편이다

- ***fortes fortuna adiuvat***
  포르테스 포르투나 아디우바트
  행운은 용감한 자를 돕는다

- ***multa docet fames***
  물타 도케트 파메스
  배고픔은 많은 것을 알려준다

- ***nulla dies sine linea***
  눌라 디에스 시네 리네아
  선을 긋지 않는 날이 하루도 없다

- ***aiunt enim multum
  legendum esse, non multa***
  아이운트 에님 물툼 레겐둠 에쎄, 논 물타
  사람들은 말한다. 많이 읽기보다는 깊이 읽어야 한다고

- ***citharoedus ridetur, chorda
  qui semper oberrat eadem***
  키타로이두스 리데투르, 코르다
  퀴 셈페르 오베라트 에아뎀
  늘 같은 현을 틀리는 키타라 연주자는 웃음거리가 된다

- ***nullun magnum ingenium
  sine mixtura dementiae fuit***
  눌룸 마그눔 잉게니움
  시네 믹스투라 데멘티아이 푸이트
  광기 없는 위대한 천재는 없다

- ***facit indignatio versum***
  파키트 인디그나티오 베르숨
  분노가 시를 쓴다

야마자키 앞 장에서 친구에 관한 이야기를 나누어 보았는데요, 라티나 씨도 이탈리아에서 그런 친구를 사귈 수 있으면 좋겠네요.

라티나 이탈리아에 라틴어만 사용해야 하는 기숙사 학교가 있습니다. 그 학교를 둘러보는 일정으로 가게 되었어요.

야마자키 그런 학교가 있군요. 라티나 씨라면 꼭 가봐야겠네요. 그 학교에 이탈리아인이 아닌 학생들도 있나요?

라티나 네, 국제 학교입니다.

야마자키 라틴어를 좋아하는 사람들이 모인 곳이니 분명 마음이 잘 통하는 친구를 만날 수 있을 거예요.

라티나 그런 친구가 생겼으면 좋겠네요.

야마자키 네. 용감하게 부딪쳐보세요.

○ 나를 믿는 연습

라티나 용감하게 부딪쳐보라고 말씀해 주셨으니, 이번에는 용기에 관한 라틴어를 다루어 보겠습니다. ***possunt, quia posse videntur*** 할 수 있다고 믿으므로 할 수 있다, ***ne cede malis, sed contra audentior ito*** 악에 굴하지 말고 용감하게 맞서라입니다. 첫 번째 문장은 제가 골랐고, 두 번째 문장은 야마자키 씨가 고르셨어요.

　　용기를 가지지 않으면 좀처럼 새로운 것을 시작하기 어려운 법입니다. 살면서 신중해야 할 때도 있지만, 신중하게만 살면 할 수 있는 일도 못하게 됩니다. 그래서 저도 용기에 관한 라틴어를 뽑아 보았습니다.

야마자키 ***audentes fortuna iuvat*** 행운은 담대한 자의 편이다도 라티나 씨가 고르셨지요.

라티나 담대한 마음 없이는 이렇게 책도 기사도 쓸 수 없기 때문입니다. 제 글을 남한테 보여주기 망설여지죠. 담대해지려고 늘 노력합니다.

야마자키　맞습니다. 때로는 굳센 마음가짐도 필요하지요. 저도 만화나 에세이 마감이 다가올 때마다 마음을 다잡습니다. '나는 할 수 있다, 반드시 마감 시간에 맞출 수 있다!' 하고요.

다만, 할 수 있다고 믿었는데 결과가 그렇지 못할 때 주의해야 합니다. 뜻대로 되지 않았다고 넋이 나갈 정도로 낙담하면 안 됩니다. 당연히 합격하리라 믿었던 학교에 떨어졌을 때, 혹은 야근해가며 열심히 일했는데도 생각했던 결과를 얻지 못했을 때 어떻게 마음을 다잡아야 할까요? 지나온 과정과 주어진 결과를 모두 받아들이는 대담함이 없으면 애썼던 자기 자신이 불쌍해집니다. 이러한 관대함을 갖는 데에도 용기가 필요하지요.

라티나　실패했을 때는 일단 받아들이고, 반성과 성찰을 통해 다음 기회에는 성공하도록 밑거름으로 삼아야 합니다.

야마자키　맞습니다. 실수와 굴욕은 인간이 성숙해지는 데 꼭 필요한 요소니까요. 자양분을 얻었다고 생각하는 편이 현명합니다. 참고로 이 세 격언은 고대 로마를 대표하는 시인 베르길리우스가 남긴 말입니다. 베르길리우스 역시 격동기를 살았던 인물이에요. 우유부단한 태도를 취했다가는 어떻게 될지 모르는 불안정한 사회였기 때문에 오히려 자신이 확신한 것을 향해 돌진하겠다는 강한 신념이 더욱 필요했을 겁니다.

행운은 용감한 자를 돕는다라는 뜻의 ***fortes fortuna adiuvat***도 라티나 씨가 고르셨어요. 고대 로마정시대의 극작가 테렌티우스의 말이지요. 이 문장역시 하고 싶은 일을 향해 힘차게 나아가려는 라티나 씨에게 무척 중요한 말입니다.

◇◇◇

라티나 앞에서도 잠깐 이야기가 나왔는데, 야마자키 씨가 열일곱 살에 홀로 이탈리아에 건너가 정착한 경험을 듣고 싶습니다. 정말 대담하고 용감한 결단이지요. 역시 잠깐 언급했지만, "모든 길은 로마로 통한다"는 말을 들으셨다고요.

야마자키 열네 살에 혼자서 유럽 여행을 하던 중 한 이탈리아인 할아버지를 만났습니다. 그분이 해주신 말이에요. 브뤼셀 중앙역 홈에서 혼자 배회하는 저를 보고 가출 소녀라고 생각하셨대요. 제 상황을 설명했더니, "한 달이나 여행하면서 그동안 프랑스와 독일에만 있었다고? 이탈리아는 어째서 빼놓은 거냐?!"라고 호통치셨어요. 그리고 갑자기 라틴어로 *"Omnes viae Romam ducunt!"* 라고 하셨죠. '모든 길은 로마로 통한다'라는 뜻이었어요. 제가 일본으로 돌아온 뒤 그 할아버지는 저희 어머니와 편지를 주고받으셨고, 결국 두 분이 의기투합해서 저를 이탈리아에 유학 보내기로 하셨어요.

라티나 이러한 중대한 결단은 설령 누가 권하더라도 실제 행동으로 옮기기는 어려울 것 같은데, 어떻게 그런 큰 결정을 내리고 실행할 수 있으셨나요?

야마자키 열네 살에 혼자 떠났던 여행도 제 의지로 간 게 아니라 어머니가 다녀오라고 등 떠밀어서 간 거였어요. 저는 원래 자연스럽게 흘러가는 일이라면 웬만하면 거스르지 않는 성격이라, 아주 싫은 일이 아니면 받아들이는 편이에요.

그 시절 저는 화가가 꿈이었습니다. 선생님과

진로 상담을 했는데, 그림 같이 돈벌이가 안 되는 일을 장래 희망으로 삼지 말라고 하시더군요. 무척 의기소침해졌어요. 하지만 저희 어머니가 음악가로서 예술을 생업으로 삼고 계셨기 때문에, 선생님 조언에 도저히 수긍할 수 없었습니다. 어머니는 그런 제 모습을 보시곤 저에게 파리행 왕복 항공권을 주셨어요. "내가 못 가게 되었으니, 네가 대신 다녀오렴. 비행기 푯값이 아깝잖니"라면서요.

남편 없이 혼자 아이를 키우셔야 했던 저희 어머니는 대범하고 직관력 있는 분이셨어요. 겁 없이 덤비는 성격이었죠. "뭐든지 해보기 전까지는 모른다", "해보고 안 되면 다시 하면 된다"라고 입버릇처럼 말씀하셨어요. 어머니가 경험한 일들이 그러한 가치관을 만들었겠지요. 그런 어머니 밑에서 자랐기 때문에 저도 세상일이 저절로 잘 풀릴 거라는 기대나 믿음도 없었고, 동시에 돌다리를 너무 두드리는 신중한 태도도 별로 좋지 않다고 생각했어요. 그래서 열네 살에 어머니 뜻에 따라 혼자서 여행도 떠났고, 열일곱 살엔 이탈리아 유학도 망설이지 않고 결정했습니다. '일단 가보고 정 힘들면 돌아오지, 뭐'라는 마음이었죠.

    그 용기와 패기가 저에게 행운을 가져다 주었는지는 모르겠지만, 적어도 어머니의 제안을 실행해보자는 결단이 있었기에 비로소 지금의 제가 있다는 사실만큼은 분명합니다. 이탈리아의 미술학교에 다니며 가난한 생활을 했지만, 다양한 사람을 만나 폭넓은 경험을 했습니다. 열일곱 살에 동거하던 남자와의 사이에서 아이가 태어났고, 생계를 위해 전공이었던 유화를 접고 만화가의 길로 들어섰어요. 훗날 저를 이탈리아로 오게 해주었던 할아버지의 손자와 결혼했고, 《테르마이 로마이》를 그렸죠. 이 모든 일은 여행을 떠나겠다는 결정이 가져온 결과입니다. 가만히 기다려봐야 운은 찾아오지 않습니다. 행동으로 나설 때 운이 따라올 확률이 높아요. 지금까지의 제 경험으로 봤을 때 틀림없습니다.

○ 세상에 나쁜 경험은 없다

라티나   *multa docet fames* 배고픔은 많은 것을 알려준다도 야마자키 씨가 고르셨지요. 야마자키 씨는 이탈리아에서 가난한 생활을 하며 굶주리던 시절 여러 가지를 배웠다고 하셨는데, 이 격언이 정말 사실이던가요?

야마자키   말 그대로입니다. 마치 제가 만든 격언 같아요. 가난을 각오하고 미술의 길로 들어섰지만, 실제로 매일 굶주리고 빚만 늘어가자 하루하루가 괴로워서 견디기 힘들었어요. '나는 왜 이렇게 돈이 없을까?', '나는 왜 돈을 못 벌까?'와 같은 생각이 점차 '이 세상에 돈이라는 게 대체 왜 존재하는 걸까?', '자본주의란 참 잔인해'라는 생각처럼 공격적으로 변해갔습니다. 돈 있는 사람들에게 질투가 나더군요. 당장 내일 어떻게 될지 모를 정도로 굶주린 상태에 놓일 때야 비로소 싹트는 감정이 의외로 많다는 사실을 깨달았습니다.

    사회로부터 버림받은 것 같은 소외감, 나라는 존재를 유지하는 괴로움, 이상이 무너진 데 대한 비통함, 공감받지 못한다는 고독감. 언뜻 보면 최악의 감정들뿐인데, 객관적으로 생각하면 이러한 감정은 모두 인간에게 태초부터 주어진 것들입니다. 없으면 더 편하겠지만, 엄연히 존재하죠. 다시 말해 인간으로서 살아가는 이상 경험해두면 좋은 감정이라는 겁니다. 처음엔 괴롭지만, 점차 나아지면서 면역이 생깁니다. 게다가 언젠가는 이 경험이 반드시 도움이 됩니다. 단언할 수 있어요.

한번 가난을 경험하면 무서운 게 없어집니다. 무슨 일이 생겨도 '돈이 없네, 최악이었던 그때로 돌아온 것뿐이야. 괜찮아'라고 담대하게 생각할 수 있게 되지요. 그 담대함이 다시 사태를 극복하도록 도와줍니다. 행운이 용감한 자를 도와주는 거예요.

라티나 제 경우에는 외국어 공부가 배고픔은 많은 것을 가르쳐준다는 말과 통하는 면이 있는 것 같습니다. 저는 학창 시절 영어 과목을 제일 열심히 공부했어요. 영어를 잘하면 직업 선택의 폭이 넓어질 거라고 생각했거든요. 그래서 최선을 다해 영어를 공부했고, 그 공부가 지금 제가 하는 일로 이어졌다고 느낍니다.

영어보다 다른 과목을 더 열심히 공부했다면, 과연 내가 만족할 만한 일자리를 얻었을까 싶어요. 물론 어학 외의 교과목을 부정하는 건 아닙니다. 하지만 수학을 가장 좋아하면서도 장래를 생각해서 영어 공부에 주력하기로 결단 내렸지요.

야마자키   라티나 씨의 이야기에서도 알 수 있듯이, '배고픔'이란 현재의 경제적 궁핍만을 의미하는 것은 아닙니다.

    이탈리아어로 배고픔은 fame이라고 하는데, 단순히 공복뿐만 아니라 갈증이나 갈망, 강한 소망이라는 의미로도 사용됩니다. 배고픔이란 결국 뜻대로 되지 않을 때 느끼는 고통이라고 정의할 수 있어요. 한편 이러한 고통에 수반하는 다른 감정들, 이를테면 포기나 질투, 실의 같은 부정적인 감정조차 일종의 에너지를 축적하도록 만들어 한 단계 더 나아가는 계기가 되기도 합니다. *multa docet fames*는 이러한 해석도 가능한 문장이라고 생각해요.

라티나   야마자키 씨가 이탈리아에서 목욕을 간절히 바랐던 경험이 《테르마이 로마이》라는 작품으로 이어진 것도 *multa docet fames*에 부합하지 않을까요.

야마자키　맞습니다. 포르투갈 리스본에서 지낼 때, 지은 지 80년 된 낡은 집에 살았어요. 그래서 바닥이 꺼질까 봐 욕조를 둘 수 없었습니다. 목욕을 할 수 없다고 생각하니까 하고 싶은 마음이 더 간절해지는 거예요. 달리 방법이 없어서 뜨거운 목욕물에 몸을 담근 사람의 모습을 그림으로 그렸어요. 완성하고 보니, 마치 제가 목욕하고 있는 것처럼 대리 만족이 느껴졌습니다. 그때 《테르마이 로마이》의 소재가 떠올랐어요.

당시 살던 곳에서 조금만 나가면 바로 고대 로마 시대의 유적이 있었는데, 거기에는 훌륭한 목욕탕 터가 남아 있었어요. 이런 요소들이 《테르마이 로마이》를 그리는 큰 계기가 되었습니다. 목욕탕 유적지에 가면 바다의 신 포세이돈과 같이 물과 관련된 모티브가 그려진 멋진 모자이크나 여전히 사용할 수 있을 것 같은 욕조가 방치되어 있어서 정말 억울했어요. 왜 영업하지 않는 거냐며 분노했죠. 선망과 분노 같은 감정이 뒤섞여 만들어진 만화예요. 마음만 먹으면 언제든 목욕물에 몸을 담글 수 있는 일본에 살았다면 그런 만화를 그리지 않았을 거예요.

라티나 저에게는 그게 요리였습니다. 배고프다 할 정도까지는 아니었지만, 일을 시작하고 얼마 안 되어 아직 모아둔 돈이 얼마 없을 때는 식비를 아껴야 했어요. 그래서 값싼 재료로 영양가 있는 음식을 맛있게 만들기 위해 궁리하며 요리 실력을 키웠습니다.

야마자키 그렇군요. 맞습니다. 요리를 잘하려면 맛있는 음식을 만들어 먹고 싶다는 욕구와 의욕이 필요한 법이지요.

라티나 용기, 신념, 담대함. 어쩌면 이런 것들을 가져다주는 힘은 이처럼 '노력'이 아닐까요? 노력에 관한 격언으로 ***nulla dies sine linea*** 선을 긋지 않는 날이 하루도 없다가 있습니다.

야마자키 플리니우스*가 쓴 문장이지요.

　　✦　고대 로마의 박물학자. 그리스와 로마의 다양한 문헌에서 얻은 지식을 정리하여 백과사전 《박물지》 전 37권을 집필했다. 조카이자 양자인 소小 플리니우스와 구별하여 대大 플리니우스라고 불린다.

제2장 ● 새로운 도전을 앞두고 있을 때

라티나 네. 화가 아펠레스*에 관한 일화가 이 속담이 되었고, 그 유래를 플리니우스가 자신의 책 《박물지》에 기록했습니다. 저는 이 문장을 고등학생 시절 공책 표지에 적어 두었습니다. 입시 공부를 매일매일 하자는 의미로요. 지금은 원고를 쓸 때마다 선을 긋는데요, 선을 긋지 않는 날이 하루도 없답니다.

라틴어 번역도 매일 하고 있습니다. 라틴어는 하루라도 사용하지 않으면 무뎌지고 맙니다. 흔히 피아니스트는 매일 피아노를 치지 않으면 손이 무뎌진다고 하지요. 운동선수도 마찬가지고요. 저도 날마다 라틴어를 써야 겨우 지금 수준을 유지할 수 있습니다. 꾸준히 하는 것 말고 다른 방법은 없어요.

야마자키 이 격언은 지성을 갖춘 인간인 이상, 끊임없이 노력해야 한다는 뜻으로 이해할 수 있습니다. 플리니우스는 지성에 관한 것만큼은 타협이 없는 사

◆ 기원전 4세기경에 활동한 고대 그리스 화가. 알렉산드로스 3세(알렉산더 대왕)의 궁정 화가였다. 현재까지 남아 있는 작품은 없다.

람이었기 때문에 절대 뇌를 게으르게 방치하지 않았습니다. 당시 로마 지식인과 교양인 대부분이 이러한 경향이 있었는데, 특히 플리니우스는 타고난 성실함을 보였죠.

예술가의 실력은 결과물을 보면 알 수 있습니다. 고대 로마 시대에 만들어진 작품은 그 수준이 대단히 높아요. 특히 플리니우스가 살았던 네로 황제 시대나 이후 오현제˚ 시대와 같이 예술에 대한 열망이 강한 황제가 통치하던 시기에는 조형물, 건축물, 조각, 모자이크, 회화 등 모든 분야에서 완성도 높은 작품이 만들어졌습니다. 예술가들은 그 정도의 수준에 도달하려면 오랜 수련과 훈련을 거쳐야 했지요. 그야말로 기술, 지능, 군사력 등 모든 면에서 인간의 잠재력을 최대로 끌어내고자 했던 시대입니다.

특히 하드리아누스 시대에는 큰 전쟁이 없었기 때문에, 그날그날의 끼니보다 마음의 양식을 더 중요하게 여기는 문화였어요. 《테르마이 로마이》

◆ 1세기 말부터 2세기 말까지 로마의 최전성기를 이끈 다섯 명의 황제를 가리킨다. 네르바, 트라야누스, 하드리아누스, 안토니누스 피우스, 마르쿠스 아우렐리우스 안토니누스가 이에 해당한다.

의 루시우스가 하드리아누스 시대의 인물이라는 설정도 이러한 이유입니다. 전쟁 때문에 먹을 것이 없는 시국이라면 과일 맛 우유도 샴푸 캡도 없었을 테니까요._{만화 《테르마이 로마이》에서 고대 로마인 루시우스가 시간 여행으로 우연히 현대 일본으로 오게 되고, 일본의 목욕탕에서 과일 맛 우유와 샴푸 캡을 보고 감명받아 고대 로마로 돌아가서 비슷한 것을 만든다 —옮긴이}

끊임없는 전쟁으로 당장 내일 어떻게 될지 모르는 상황에서 '선을 긋지 않는 날이 하루도 없다'와 같은 말을 하면 사람들은 이상한 소리를 한다고 여겼겠지요. 이 격언이 탄생한 시기의 통치자였던 네로는 예술가를 꿈꾸는 인물이었고, 문화 부흥을 중요시하는 분위기가 팽배했죠. 플리니우스도, 그의 양자였던 소 플리니우스˚도 많이 읽는 것보다 깊이 읽는 것이 중요하다고 말했습니다.

라티나 *aiunt enim multum legendum esse, non multa* 사람들은 말한다. 많이 읽기보다는 깊이 읽어야 한다고라는 문

˚ 대 플리니우스의 조카이자 양자. 대 플리니우스와 마찬가지로 문필가로 활약했다. 폼페이를 뒤덮은 베수비오 화산 폭발 사건으로 대 플리니우스가 죽음에 이르렀다는 사실이 그의 서한집을 통해 전해지고 있다.

장이지요. 다독보다 정독을 권하는 말입니다.

야마자키 정말 그렇다고 생각합니다. 한 권의 책을 숙독하는 것이 100권의 책을 속독하는 것보다 얻는 게 많으니까요. 플리니우스의 가족은 모두가 정말 지성을 갖추고자 끊임없이 노력했군요.

◇◇◇

라티나 앞서 호라티우스가 남긴 격언들을 살펴보았었는데요, 이번에도 그가 남긴 격언 하나를 소개하려 합니다. *citharoedus ridetur, chorda qui semper oberrat eadem* 늘 같은 현을 틀리는 키타라 연주자는 웃음거리가 된다라는 말도 예술에 관한 격언입니다.

야마자키 키타라 연주자는 자기 실력을 너무 믿은 걸까요, 아니면 연습이 부족한 탓일까요.

라티나 한편 *errare humanum est*, '실수는 인간적인 것이다'라는 격언도 있습니다. 사실 저는 실수에 관대한 편이어서 일할 때 누가 실수해도 그다지 화나지는 않습니다. 다만 같은 실수를 반복하는 사람에게는 아무래도 더 엄격해질 수밖에 없죠.

야마자키   최근 사회적 분위기를 보면, 후배나 학생에게 충고나 주의를 주기가 어려워졌어요. 하지만 그 사람을 위해서라도, 그리고 팀을 위해서라도 개선해야 할 점은 확실히 말해주는 편이 낫다고 생각합니다. 이대로라면 사회의 수준이 점점 떨어지고 말 거예요.

라티나   *citharoedus ridetur, chorda qui semper oberrat eadem*도 이러한 취지로 골랐습니다. 누구나 실수는 할 수 있습니다. 하지만 똑같은 실수를 반복하는 건 문제가 있지요. 야마자키 씨가 말씀하신 대로 계속 실수하는 이유는 자기 자신을 과신해서 그런 걸 수도 있겠네요.

야마자키   고대 로마에서는 예술가나 창작자로서 일인자가 되려면 기교와 재능을 아낌없이 전부 쏟아내어 높은 완성도를 보여주어야 했습니다. 그렇지 않으면 살아남지 못했어요. 황제가 이런 걸 만들어라, 하고 명령했는데 제대로 만들지 못하면 목숨을 잃을 수도 있었던 시대입니다. 고대 로마뿐만 아니라 중국에서도 황제가 요청한 대로 만들지 못하면 처벌받았죠.

이러한 시대였기 때문에 어쩌면 호라티우스는 연주자가 실수하고 나서도 계속 연주할 기회가 있었다는 것 자체를 이상하게 생각했을지도 모르겠네요.

○ 미쳐야 미친다

라티나 범상치 않은 일인자들의 이야기를 들으니 *nullum magnum ingenium sine mixtura dementiae fuit* 광기 없는 위대한 천재는 없다라는 말이 떠오릅니다. 야마자키 씨가 고르셨지요.

야마자키 이 말은 보통 천재라고 불리는 이들이 지닌 본질을 담고 있어요. '광기'가 과연 무엇을 의미하는지가 관건이지만요. 특출난 재능을 지닌 사람은 애초에 별종으로 여겨지기 마련이니, 평범하지 않은 걸 광기라고 봤을지도 모르겠습니다.

라티나 저도 그렇고 제 주변에도 이 격언과 같이 생각하는 사람이 많은 것 같습니다.

야마자키 예술가로 성공한 사람 중에 지금 하는 일을 그만두고 평범하게 직장에 다닐 수 있을 것 같은 사람은 아무도 없습니다. 다들 어릴 적부터 이단아 취급을 받았거나, 트라우마 혹은 콤플렉스를 어느 정도 갖고 있어요. 요즘에는 분위기가 좀 달라지고 있지만, 예술가라는 존재는 늘 고독과 소외, 그리고 타인이 던지는 낯선 시선에서 비롯한 고통을 안고 살아갑니다. 예를 들어 지미 헨드릭스나 재니스 조플린 같은 록스타들은 압도적인 영향력과 카리스마로 많은 사람의 마음을 움직였지만, 예술가로서 고통을 마주하기도 했습니다. 마이클 잭슨도 마찬가지고요. 모두 약물 중독, 자살, 피살로부터 자유롭지 못했고, 결국 요절했지요.

언제나 자신을 이해해주는 사람이 곁에 있고 돈 때문에 힘들어본 적 없으며 결핍 없는 환경에서 살아가는 사람이라면, 굳이 자신을 괴롭히면서까지 무언가를 표현할 필요가 없겠지요. 흉내나 취미 수준이면 몰라도, 재니스 조플린이나 지미 헨드릭스처럼 자신의 영혼을 갈아 넣으면서까지 하는 경우는 거의 없죠.

제가 어릴 적에 그림을 열심히 그렸던 이유는 외로움과 고독을 떨쳐내기 위해서였어요. 오케스트라 일로 언제나 집에 늦게 돌아오는 엄마를 기다리며 쓸쓸한 감정을 그림 그리기와 책 읽기로 해소하려 했던 거죠. 곤충을 좋아하게 된 것도 어린 시절 홋카이도에서 생활한 경험 덕분입니다. 집 안에 쓸쓸하게 있는 것보다 집 밖에 나가 자연을 관찰할 때 생명의 기운을 강하게 느낄 수 있었어요. 말은 통하지 않아도 열심히 살아가는 곤충들을 보고 있으면 위로가 되었습니다.

모두가 그런 건 아니지만, 예술가 중에는 감수성이 예민하고 섬세한 사람이 많습니다. 우리 인간은 사회적 동물이면서도 때때로 인간 사회에 잘 어울리지 못하기도 해요. 그럴 때 왕성한 표현력과 창의력은 최고의 내 편이 되어줍니다. 자기 자신을 격려하고자 만들어낸 창작물은 때로 사람들을 끌어들이는 강력한 엔터테인먼트가 되지요. 글이든, 그림이든, 음악이든지요.

그런데 요즘 세상은 무언가를 창조하는 사람

들에게 올바른 태도만을 요구하는 경향이 강합니다. 사람을 끌어모으는 힘을 지닌 창작자가 왜곡된 모습을 보이는 것이 용납되지 않는 분위기가 있지요. 창작자는 많은 이의 마음을 움직이는 영향력을 가지고 있으니, 마치 신과 같은 무결한 존재여야 한다는 인식이 생긴 것도 당연합니다.

그러나 실제로는 무언가가 만들어지는 세계란 그렇게 아름답지만은 않습니다. 개그맨이나 희극 배우는 많은 사람을 웃게 만드는 능력을 지니고 있지만, 무대를 벗어나면 낯을 가리거나 외로움과 고독을 느끼는 경우도 적지 않습니다. 그들은 다른 사람을 즐겁게 함으로써 자신의 외로움을 채우는 것일지도 모릅니다. 일본의 유명 야구선수 이치로는 고등학생 시절에 재능이 너무 특출나서 극심한 소외감과 고독을 느꼈다고 합니다. 두 번 다시 경험하고 싶지 않은 감정이었다고 해요. 이해하기 쉬운 사례라고 생각합니다.

◇◇◇

라티나　*facit indignatio versum* **분노가 시를 쓴다**라는 말도 야마자키 씨가 고르셨습니다. 이 말도 방금 이야기한 격언과 일맥상통하네요.

야마자키 예전에 프로레슬러 다나하시 히로시 씨와 대담을 한 적이 있습니다. 그분은 "프로 레슬링 퍼포먼스는 분노의 표현이고, 그 분노의 표현을 보고 모두가 즐거워한다"라고 하셨어요. 또 운명하시기 전에 친하게 지냈던 가부키 배우 나카무라 간자부로 씨도 "분노가 없으면 가부키 연기를 할 수 없다"라고 말씀하셨어요. 프로 레슬링 경기에서 영향을 많이 받으셨던 것 같은데, "분노라는 에너지를 무대에서 승화시키면 연기에도 더 뜨거운 열정이 실린다. 분노는 확실히 다른 어떤 감정보다도 더 격렬하게 타오르는 에너지다. 순식간에 끓어오르는 냄비와 같은 기세가 없으면 할 수 없는 연기가 있다"라고도 하셨어요. 고개가 절로 끄덕여졌습니다.

일본의 현대 미술을 선도한 예술가인 오카모토 타로는 "예술은 폭발이다"라는 유명한 말을 남겼지요. 이 말은 결코 과장이 아닙니다. 창작자는 늘 감정 에너지를 폭발합니다.

저도 학창 시절에 제가 그린 그림이 마음에 들

지 않아 그림을 찢어버린 적이 있습니다. 생각한 대로 만들지 못하는 저에게 화가 난 거예요. 무언가에 완전히 몰입하면 손익을 따져볼 여유가 없습니다.

라티나 예술은 아니지만, 저에게도 비슷한 경험이 하나 있습니다. 고등학생 시절, 영어 어원에 대해 근거 없는 이야기를 하는 선생님이 있어서 정정하러 교무실로 찾아갔더니 "어원학은 학문이 아니다"라며 어원학 자체를 부정하더군요. 그 말에 어찌나 화가 나던지요. 그 뒤로 영어 어원 사전을 사서 열심히 공부했고, 그 결과 영어 어원에 아주 해박해졌습니다.

이것이 어원에 대한 집필로 이어졌습니다. 《세상은 라틴어로 가득하다》에도 영어 어원에 대해 많이 담았지요. 생각해보면 현재 제 모습에 이르게 된 첫 번째 계기는 분노였습니다.

야마자키 라티나 씨도 제대로 화를 내는 분이시네요. 이러한 분노가 지성을 움직이는 힘이 된다는 사실은 분명합니다. 물론 성질이 너그럽고 수더분한 사람도 훌륭한 작품을 창작하고 표현할 수 있겠지만, 그 안에 들어 있는 에너지의 열량은 완전히 다르다고 생각해요.

분노로 가득 차 있을 때 어마어마한 집중력이 솟아나지 않나요? 아마도 화가 난 라티나 씨가 영어 어원을 공부할 때는 완전히 몰입한 상태였을 겁니다. 그러한 몰입이 깊이 있는 결과를 가져온 것이죠.

앞서 이야기한 내용을 정리하자면, 사람들에게 작품을 제공하는 존재라는 이유만으로 예술가나 창작자가 자기 기준으로 올바르기를 바라는 태도는 편의주의적이고 피상적인 사고방식에 불과하다고 생각해요.

라티나 SNS만 봐도 알 수 있습니다. 영향력이 큰 사람이라면 누구보다 청렴결백해야 한다고 생각하죠. 조금이라도 자기가 기대한 것과 다른 모습을 보이면 뭇매질을 합니다.

야마자키 어쩌면 번거로운 감정을 피하고 싶은 것일지도 모릅니다. 자신에게 편리한 정의를 내세우고 거기에 동조하지 않는 사람을 비난하는 거예요.

분노하는 사람이 사라진다고 사회가 무너지는 건 아니지만, 독소처럼 보이는 것들과 공존하지 않으면 인간 사회는 건강하게 유지되지 못할 겁니다. 무균실 속에서는 사람들에게 '천재다'라는 인상을 줄 만한 발상이 나오지 않습니다. 사회가 발전하지도 않지요. 이것만은 확신할 수 있어요. 라티나 씨도 계속해서 크게 화를 내주셨으면 좋겠습니다.

제3장

나를 잃지 않으면서
사랑하고 싶을 때

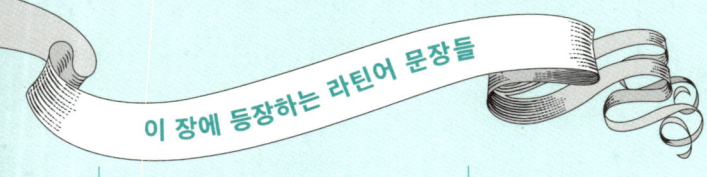

이 장에 등장하는 라틴어 문장들

- ***tristis eris si solus eris***
  트리스티스 에리스 시 솔루스 에리스
  당신은 혼자일 때 슬퍼질 것이다

- ***nitimur in vetitum semper cupimusque negata***
  니티무르 인 베티툼 셈페르 쿠피무스퀘 네가타
  우리는 항상 금지된 것을 추구하고 거절된 것을 갈망한다

- ***militat omnis amans***
  밀리타트 옴니스 아만스
  사랑하는 자는 모두 전사다

- ***quoque magis tegitur, tectus magis aestuat ignis***
  쿠오퀘 마기스 테기투르,
  텍투스 마기스 아이스투아트 이그니스
  덮으면 덮을수록 사랑의 불꽃은 더 뜨겁게 타오른다

- ***omnis amans amens***
  옴니스 아만스 아멘스
  사랑에 빠진 이는 모두 제정신이 아니다

- ***amantes amentes***
  아만테스 아멘테스
  사랑하는 자들은 미친 자들이다

- ***varium et mutabile semper femina***
  바리움 에트 무타빌레 셈페르 페미나
  여자는 늘 변화무쌍하고 쉽게 변한다

- ***odi et amo***
  오디 에트 아모
  미워한다. 그리고 사랑한다

- ***vivamus mea Lesbia atque amemus***
  비바무스 메아 레스비아 아트퀘 아메무스
  나의 레스비아여, 살아갑시다. 그리고 사랑합시다

- ***omnia vincit amor***
  옴니아 빙키트 아모르
  사랑은 모든 것을 이긴다

- ***omne tulit punctum qui miscuit utile dulci***
  옴네 툴리트 풍크툼 퀴
  미스쿠이트 우틸레 둘키
  유익과 쾌락을 섞은 사람이 만인의 호평을 얻는다

야마자키 로마의 시인 오비디우스는 앞서 소개한 것처럼 중용의 중요성을 강조하기도 했지만, 연애 시 등 남녀 관계의 본질을 다룬 작품으로도 잘 알려져 있습니다. 따라서 그가 남긴 격언 중에는 사랑에 관한 것들이 상당히 많은데요, 이번에는 이 가운데 몇 가지를 살펴보려고 합니다.

사랑이 어려운 이유

야마자키 저는 *tristis eris si solus eris* 당신은 혼자일 때 슬퍼질 것이다, *nitimur in vetitum semper cupimusque negata* 우리는 항상 금지된 것을 추구하고 거절된 것을 갈망한다, *militat omnis amans* 사랑하는 자는 모두 전사다라는 세 문장을, 라티나 씨는 *quoque magis tegitur, tectus magis aestuat ignis* 덮으면 덮을수록 사랑의 불꽃은 더 뜨겁게 타오른다를 골랐습니다.

오비디우스의 말이 아니더라도 사랑을 객관적으로 통찰한 문장은 많습니다. *omnis amans amens* 사랑에 빠진 이는 모두 제정신이 아니다, *amantes amentes* 사랑하는 자들은 미친 자들이다, *varium et*

***mutabile semper femina* 여자는 늘 변화무쌍하고 쉽게 변한다** 등이 있어요. 사랑에 휘둘리며 분주하게 살았던 고대 로마 사람들의 모습이 눈앞에 그려지는 듯합니다.

라티나　*amantes amentes*는 테렌티우스가 쓴 희극의 대사에서 유래한 표현이라 말장난 같은 느낌이 있습니다. *amans*와 *amens*, 그리고 *amantes*와 *amentes*는 각각 철자 하나씩만 다르죠.

　당시 사람들도 사랑에 빠지면 정신을 못 차렸나봅니다. 누구나 사랑에 빠지면 좋은 면이든 나쁜 면이든 지금까지 몰랐던 모습을 드러냅니다.

　평소 차분한 성품의 사람이라도 자신의 연인을 대할 때는 스스로 생각지도 못한 행동을 보이기도 합니다. 나 자신도 마찬가지입니다. 연인 앞에서는 지금까지 한 번도 느껴본 적 없는 격한 감정을 드러내기도 하죠.

야마자키　이러한 격언들이 생겨난 시대는 아직 기독교 윤리가 스며들기 전이라 모두가 남녀 관계에서 상당히 자유로웠습니다.

라티나 정부를 여럿 두기도 했죠.

야마자키 지금의 도덕 관점으로는 말도 안 되는 일이지만, 일본도 불과 100년 전까지 첩이 있는 남자가 드물지 않았어요. 여전히 일부다처제를 허용하는 나라도 있지요.

고대 로마는 자유로웠던 만큼 연인 사이에 시기와 질투도 복잡하게 얽혀서 문제가 많았어요. 예를 들어 카이사르가 여성 편력이 심했다는 사실은 유명합니다. 심지어 자신이 빚을 지고 있는 귀족의 아내와도 친밀한 사이였지요. 그런데 그 남편은 아무 말도 못 했다고 합니다. 카이사르가 워낙 매력 있고 사람을 잘 다루다 보니 '카이사르라면 어쩔 수 없지'라며 체념한 겁니다.

***odi et amo** 미워한다. 그리고 사랑한다*라는 말처럼 사랑이라는 감정에 사로잡혀 이러지도, 저러지도 못하는 상태를 표현한 격언도 꽤 있습니다. 인간적인 면모가 드러나는 말입니다. 고대 로마를 다른 말로 '애증의 시대'라고들 하지요. 이러한 격언 너머로 그들의 열정적인 애정관을 엿볼 수 있다는 점이 흥미롭습니다.

라티나   지금 말씀하신 '미워한다. 그리고 사랑한다'는 카툴루스*의 사랑 시에 나오는 구절입니다. 그 뒤에는 "이유를 물어봐도 나는 모른다. 그저 그리 느낄 뿐. 마음이 괴롭다"라는 문장이 이어지고요.

야마자키   사랑 때문에 이성을 잃은 이의 심정이 잘 전해집니다. 오비디우스의 유명한 저서 《사랑의 기술》**도 굉장한 내용을 담고 있지요.

라티나   그렇습니다. 원서 제목은 《Ars Amatoria》입니다.

야마자키   이 책은 로마에서도 화제가 되어 많은 사람에게 읽힌 것으로 보입니다. 그래서 저도 《플리니우스》를 그릴 때 주인공이 젊은 시절에 여성과 사귀는 방법을 배우려고 이 책을 읽는다는 장면을 넣었습니다. 《사랑의 기술》은 《연애의 기술》이라고도

---

*   로마 공화정 시기의 시인. 서정시를 주로 썼으며, 100여 편의 사랑 노래를 남겨 후대 연애 시인들에게 영향을 주었다.

**   총 3권으로 이루어져 있다. 1, 2권은 남성을 위한 내용이고, 나머지 3권은 여성을 위한 내용이다. 내용이 외설적이라는 이유로 아우구스투스 황제의 노여움을 샀으며, 오비디우스가 추방당한 이유 중 하나로 여겨진다.

번역되곤 하는데, 꽤 자극적인 내용도 적혀 있습니다.

이 책을 읽다 보면 고대 로마 사람들은 늘 언젠가 자신의 마음을 뒤흔들 운명 같은 만남을 기대했다는 생각이 듭니다. 콜로세움에 구경하러 나갔을 때 어떻게 남자들의 시선을 끌 수 있는지, 어떻게 관심 있는 여자에게 다가가면 좋은지 구체적인 행동 방법을 알려주는 책이 당시에 잘 팔렸다는 게 참 놀랍습니다. 일본에서도 버블 경제 시대에 여성 잡지에 그러한 내용이 가득했으니, 한편으로는 반갑고 친근하다는 생각도 듭니다. 예나 지금이나 동서고금을 막론하고 사랑과 연애에 관한 사람들의 생각은 대체로 비슷하다는 뜻이겠지요.

라티나 《사랑의 기술》에는 상대방 옷의 아주 작은 먼지라도 털어주며 매력을 어필하라는 내용까지 적혀 있지요.

야마자키 그런 건 중요하지 않다, 그런 시시한 걸로 여자가 거들떠볼 리 없다와 같이 단호한 조언도 많아서 무척 재미있습니다. 상대의 마음을 애타게 하는 방법도 있고요. 좋다고 무작정 들이대지 말고, 최대한 상대를 안달 나게 만들라는 내용도 쓰여 있습니다. 이건 지금도 통용되는 말인 것 같네요. 하하.

◇◇◇

야마자키   저희가 고른 오비디우스의 사랑에 관한 격언을 하나하나 살펴보면, 현대를 살아가는 우리의 심리를 정확히 꿰뚫는 문장이 많습니다. *nitimur in vetitum semper cupimusque negata*, '우리는 항상 금지된 것을 추구하고 거절된 것을 갈망한다'라는 말은, 예컨대 애인이 있는 상대를 사랑하게 되는 영화나 드라마 속 등장인물을 떠올려보면 이해하기 쉽죠.

militat omnis amans, '사랑하는 자는 모두 전사다' 역시 말 그대로입니다. 사랑만큼 사람의 마음을 진 빠지게 만드는 감정도 없으니까요. 누군가를 좋아하게 되었다 싶으면 무엇이든 맞서 싸울 각오를 해야 합니다. 그 정도의 마음가짐이 없으면 관계를 발전하기 힘들 거예요. 요즘 일본의 젊은이들 사이에서는 이런 게 귀찮아서 연애보다는

그저 친구끼리 신나게 노는 걸 선호하는 경향이 강한 것 같습니다. 어쨌든 사랑이란 참 다루기 어렵고 까다로운 감정이에요.

그건 그렇고 라티나 씨가 *quoque magis tegitur, tectus magis aestuat ignis*, 덮으면 덮을수록 사랑의 불꽃은 더 뜨겁게 타오른다는 뜻의 격언을 고르신 이유가 궁금하네요.

라티나 어떻게든 속마음을 숨기고 입 밖으로 꺼내지 않으려 하면 할수록 오히려 그 생각에 사로잡히게 되지요.

야마자키 맞아요. 사랑뿐만 아니라 비밀도 그렇지요. 아무에게도 얘기하지 말라는 말을 들으면 오히려 말하고 싶어서 참을 수 없게 됩니다. 비밀을 대하는 인간의 본성을 잘 표현한 말이네요. 라티나 씨의 인간적인 면을 점점 알아가는 것 같아요. 앞서 화를 마음속에 쌓아두는 만큼 그것이 내면의 강한 동기로 이어진다고 말씀하셨는데, 아마 사랑도 마찬가지겠지요?

그런데 이 격언은 출처가 어떻게 되나요?

라티나   오비디우스의 《변신 이야기》입니다. 두 사람이 서로 사랑하지만, 집안의 반대로 맺어지지 못하는 상황에서 나온 말이지요.

야마자키   그렇군요. 로미오와 줄리엣 같은, 한마디로 금지된 사랑이네요. 본인들은 서로 사랑하지만, 가족이 허락하지 않아 이별의 기로에 놓이는 경우는 고대 로마 시대에도 있었겠지요. 이미 짝이 있는 사람을 사랑하는 것도 금지된 사랑이고요.

    자유로운 연애 풍속이 드러나는 이러한 표현을 접하면, 로마 시대 사람들이 얼마나 자신을 통제하고자 했는지 알 수 있습니다. 사랑이라는 감정 앞에서 그저 제멋대로 굴었다가는 큰 혼란이 발생한다는 사실을 알고 있었기 때문에, 문제를 피하고자 이런 책을 읽고 격언으로 되새기며 자제하고 스스로 위로하려 했던 것이겠지요.

○ 모든 것을 압도하는 마음

라티나   오비디우스 다음으로 카툴루스에 관해서도 더 이야기하고 싶습니다. 카툴루스는 앞서 이야기한 *odi et amo*, '미워한다. 그리고 사랑한다'와 같이 내면의 갈등을 담은 시도 썼지만, **vivamus mea Lesbia atque amemus** 나의 레스비아여, 살아갑시다. 그리고 **사랑합시다**와 같이 밝고 희망찬 시 구절도 남겼습니다. 그 간극이 흥미로워요. 참 매력적인 시인입니다.

자신을 거절한 여성에게 불만을 쏟아내는 시도 있어요. "슬퍼지는 건 당신이오. 앞으로 어떤 남자가 당신에게 사랑을 구하겠소? 아니, 이제 당신에게 다가오는 남자는 없을 거요. 어차피 키스도 못 받을 테지"와 같이 주눅 든 패배자의 울부짖음을 시에 제대로 남겼어요.

야마자키   깔끔하게 포기하지 못하고 질척거리는 사람이었군요. 눈앞에 그려지는 듯합니다. 하하. 아무리 멋진 말을 남겨봐야 다른 데서 그 사람이 지닌 다른 면이 여실히 드러날 때가 있어요. 그런 걸 발견할 때 참 재미있습니다. 카툴루스는 분명 자존심이 강했을 거예요. 그런 사람을 연인으로 두면 참 피곤하겠죠.

라티나 맞습니다. "이미 끝난 사랑이야. 너는 그런 연정 따위 버려야 해"라는 말로 자기 자신을 타이르며 시로 남기기도 했죠.

야마자키 청춘 시절, 새벽에 일기나 연애편지를 쓰고 다음 날 아침에 읽으면 얼굴이 화끈거리잖아요. 카툴루스가 애인에게는 미련 많고 성가신 사람이었을지라도, 당당하게 자신의 감정을 여과 없이 글로 남겼다는 점에서 한편으론 대단합니다. 저도 젊었을 때 쓴 편지나 일기를 보면 쥐구멍을 찾고 싶은 심정인데, 고대 로마인들이 남긴 연애 시는 2000년이 지난 지금까지도 이렇게 전 세계 사람들에게 읽히고 있네요. 어쩌면 그들은 그 점이 오히려 기쁠지도 모르겠지만요.

라티나 사랑의 병은 어떤 약으로도 고칠 수 없다는 말을 흔히 하지요. 사랑만큼 사람 마음을 미치게 하는 것도 없는 것 같습니다.

야마자키 로마인들은 사랑을 아주 중요한 감정으로 바라봤어요. 사람을 미치게도 하고 피폐하게도 만들지만, 동시에 다른 감정으로는 대체할 수 없을 정도로 삶의 큰 기쁨을 채워주기 때문일 거예요.

라티나 로마인이 남긴 한 묘비에는 "목욕탕과 술과 애욕은 몸을 망가뜨리지만, 이것들이 인생을 만든다"라는 문구가 있습니다. 애욕이 없으면 살 수 없다고 생각했지요.

야마자키 그렇군요. 에너지를 많이 소모하는, 소위 연비가 안 좋은 삶의 방식을 긍정하는 말이네요. 요즘의 젊은이들이 가장 피하려고 하는 내용이고요.

도쿄도에서 저출산 대책으로 매칭 앱*을 만들었다고 하는데요, 고대 로마인의 시선으로 보면 일본은 현재 국가의 존속마저 위태로운 위기 상황이라고 할 수 있습니다. 당장 제 아들에게 물어봐도 연애는 나를 속박하는 일이라 귀찮고 상대의 변덕에 끌려다니는 건 질색이라며 친구들과

---

* 도쿄도에서 개발한 도민 결혼 지원을 위한 매칭 앱. 이 앱은 2024년 9월부터 'TOKYO 엔무스비'라는 이름으로 운용을 시작했다. 도쿄에 거주하거나 도쿄에 있는 직장 또는 학교에 다니는 싱글이면 등록할 수 있으며, AI가 상대를 매칭해준다.

어울리는 게 훨씬 더 재밌고 즐겁다고 말합니다. 아들의 친구들이나 또 제 주변의 또래 자녀들도 다 그렇대요. 마치 연애가 인생을 파탄에 이르게 하는 위협이라고 여기고 있어요.

라티나 제 주변에도 그렇게 생각하는 사람이 꽤 많습니다. 그러한 삶의 방식도 현대 사회에서는 하나의 선택일 수 있지만, 연애가 주는 즐거움, 효율성으로는 따질 수 없는 행복도 분명 존재하지요.

야마자키 하드리아누스 황제도, 피렌체에서 보티첼리와 미켈란젤로, 레오나르도 다 빈치 등을 후원하며 르네상스의 최전성기를 떠받쳤던 자본가 로렌초 데 메디치도 같은 말을 했습니다. 앞서 언급한 〈곤돌라의 노래〉 속 가사 "인생은 짧으니 사랑하라 소녀여"는 역시 시대를 관통하는 구절입니다. 다만 이 말이 앞으로도 계속 이어질 수 있을지는 조금 불안하네요.

저희가 다룰 또 다른 문장인 ***omnia vincit amor 사랑은 모든 것을 이긴다***는 어디에 나오는 격언인가요?

라티나   베르길리우스가 쓴 시입니다.

야마자키   그렇군요. *varium et mutabile semper femina*, 여자는 늘 변화무쌍하고 쉽게 변한다라는 말 역시 베르길리우스의 문장이지요. 시대는 다르지만 19세기 이탈리아 작곡가 주세페 베르디의 오페라 〈리골레토〉에서도 여자의 변덕을 노래합니다. 어느 시대건 사람들의 생각은 크게 다르지 않은 것 같아요.

라티나   *varium et mutabile semper femina*는 베르길리우스의 《아이네이스》에 나오는 문장입니다. 《아이네이스》는 트로이가 함락된 후, 트로이의 영웅 아이네이스가 로마 제국의 초석을 다지기까지의 여정을 담은 총 12권의 건국 대서사시입니다. 보다 구체적으로는 아이네이스의 꿈에 나온 인물이 그에게 충고하는 대사 속 한 구절이에요. 아이네이스는 디도*라는 카르타고** 여왕을 사랑하게 됩니다.

---

* 페니키아의 도시국가 카르타고를 건설한 전설의 여왕.
** 페니키아인이 아프리카 북부, 현재의 튀니지 일대에 건설한 고대 도시. 로마와 지중해 패권을 두고 여러 차례 전쟁을 치렀으며, 기원전 146년 제3차 포에니 전쟁에 패하여 멸망했다.

아이네이스는 운명에 따라 새로운 땅 이탈리아로 향해야 했지만, 좀처럼 건너갈 마음을 먹기 힘들었어요. 그때 꿈에 나온 인물이 서둘러 이탈리아로 가라는 충고를 건네며 이 말을 한 겁니다.

야마자키 씨는 이 격언에 관해 공감하시나요?

야마자키 흠, 잘 모르겠네요. 적어도 제가 그렇다고 느낀 적은 별로 없습니다. 저는 쓰던 물건을 새로 바꾸는 것도 별로 좋아하지 않아요. 무엇보다 이 문장은 남성의 시선으로 본 여성의 모습이니까요. 하지만 그런 사람들이 있기는 하죠. 꼭 여성에게만 해당하는 성향은 아니지만요.

어쩌면 제가 모르는 것일 뿐, 여자에 관한 로마 격언이 많을지도 모르겠네요. 고대 로마에서는 여성의 힘이 워낙 강했으니까요. 《플리니우스》에도 나오는 네로의 어머니 아그리피나도 결코 평범한 인물이 아니었지요. 기혼이었던 네로의 아내 자리를 빼앗아 황후가 된 포파이아 역시 권력욕에 따라 움직였지만, 한 마디로 정의하면 결국 변덕스러운 인물 아니었을까 싶어요. 클레오파트라처럼 힘 있는 남자들을 농락했다던 역사 기록

속의 여성들은 대체로 그런 느낌인 것 같네요. 물론 그렇지 않은 여성도 많지만요.

어쨌거나 개인적으로 여자가 변덕스럽다는 말에 공감하기 어려운 것 같아요. 다만 저는 이 사람과 있으면 내가 피폐해져서 더는 안 되겠다 싶을 땐 남녀를 불문하고 마음의 문을 닫고 관계를 단절합니다. 이것도 혹시 변덕인가요?

라티나 그렇군요. 여기서 잠시 《아이네이스》의 일본어 번역은 어떤지 살펴볼게요. 이와나미 문고_{일본의 주식회사 이와나미 서점이 발행하는 단행본 출판사 — 옮긴이}에서 출간한 일본어 번역본은 칠오조_{七五調}로 되어 있습니다. 라틴어 운문을 모두 칠오조로 번역했는데, 번역문 자체가 수준 높은 예술 작품이라고 할 수 있어요. 너무 훌륭해서 놀랐습니다. 일본어로는 "종잡을 수 없이 늘 변하는 존재, 그것이 여자라네"라고 되어 있습니다.

야마자키 재미있네요. 음, 어쩌면 베르길리우스 본인이 많은 일을 당했을지도 모르겠어요. 얼마나 지긋지긋했으면 이런 시를 썼을까요? 그런데 이 말에 공감한 이가 꽤 많았나 봅니다. 그러니 2000년 넘게 이어져 왔겠지요.

라티나 2000년 전에 쓰인 1만 편에 이르는 시 가운데 이 한 구절이 유독 유명해지고, 후세에 오페라에서도 같은 내용이 노래로 전해져왔다는 건 그 긴 시간 동안 비슷한 생각을 하는 사람이 많았다는 뜻일 겁니다.

사랑과 굴복

라티나 앞서 언급한 *omnia vincit amor*도 자세히 들여다볼까요? 사랑은 모든 것을 이긴다는 뜻의 이 말은 베르길리우스의 글 가운데 《아이네이스》보다 먼저 쓰인 《목가》에 적힌 구절입니다. 지금은 긍정적인 의미로 많이 사용하지만, 원전은 좀 다릅니다. 문맥을 살펴보면, 사랑에 지친 인물 갈루스가 "사랑의 신은 만물을 정복한다. 사랑의 신을 이길 자는 아무도 없다. 그러니 우리는 사랑의 신을 따라야 한다"라고 말합니다. 다시 말해, 실연한 사람이 체념하며 내뱉는 말이에요. 상황과 상관없이 이 문장만 독립적으로 전해져 시대를 거치면서 사랑에 대한 긍정적인 말로 받아들여지게 되었습니다.

야마자키 원전에서는 그러한 의미였군요. 하지만 사랑의 신에게 굴복한다는 의미로 봐도 긍정적인 해석이 가능합니다. 다른 무엇보다 사랑이 강하다는 뜻이 되니까요. 그런데 그 시대에는 그러한 태도에 공감하는 사람이 별로 없었을 거예요. 특히 여성은 더 그랬겠죠. 일반적으로는 살아남으려면 일단 돈과 재산이 있어야 하고 명성이 있으면 더 좋다고 여겼을 겁니다. 집안끼리의 정략결혼도 많았던 시대였죠. 이러한 현실적인 가치관에 비하면, 베르길리우스는 상당히 로맨틱한 사람이었다는 생각도 듭니다.

라티나 당시에는 여성 시인이 거의 없었지만, 여성의 작품이 오늘날까지 전해졌더라면 그 시대 여성의 시선으로 바라본 사랑을 잘 이해할 수 있었을 겁니다.

야마자키 베르길리우스는 몸이 약하고 수줍음을 많이 탔다고 해요. 그래서 별명이 '아가씨'였다는 기록도 있지요. 다른 사람은 신경 쓰지 않을 일에 쉽게 상처받는 섬세한 성격이었다고도 합니다. 오비디우스가 가르쳤던 세계관과는 다르다는 점이 참 흥미로워요. 오비디우스가 실용적이고 현실적인 연애 조언을 남겼던 인물이라면, 베르길리우스는 자신이 남긴 작품 속 문장들처럼 사랑에 휘둘리고 아파했던 사람 같아요. 하지만 그만큼 상처를 받아 보고 섬세한 마음을 헤아릴 줄 아는 사람이기에 비로소 《아이네이스》와 같은 명작을 남길 수 있었겠지요.

◇◇◇

라티나 그건 그렇고, 야마자키 씨는 어떤 사랑을 하셨는지 궁금합니다.

야마자키 하하하, 제 사랑 경험 말인가요? 어릴 때 저는 그저 곤충이나 동물만 좋아할 뿐, 사람에게는 별로 관심이 없었어요. 그리고 책에 푹 빠져 살았는데, 좋아하게 되는 작가는 늘 이미 이 세상 사람이 아니었죠. 현실에 살아 있는 남자에게는 좀처럼 흥미가 생기지 않았어요. 집에 남자라는 존재가 없었던 것과 관계가 있을지도 모르겠네요.

이탈리아에 가서 처음으로 같이 살게 된 남자는 다름 아닌 시인이었어요. 그 사람과 함께 살았던 11년간 라틴어 격언과 시문을 정말 많이 배웠어요. 하지만 적극적으로 기억하고 싶은 11년이라고는 말하기 어렵습니다. 제 에세이에도 당시의 일은 별로 다루지 않았어요. 저희는 자주 싸웠어요. 그 사람이 저보다 4살 위였는데, 싸운다기보다는 제가 일방적으로 잔소리와 불만을 듣는 쪽에 가까웠죠. 시인이라 어휘력이 어찌나 풍부하던지, 욕설조차 다양하더군요. 일본어 욕도 잘 모르는 저는 외국어로 그런 말까지 이해하기 어려웠고, 그럴 때마다 정말 기가 죽었어요. 그래서 저도 지지 않으려고 이탈리아어 표현을 죽어라 공부했습니다.

이탈리아어는 사랑 표현이 무척 풍부합니다. 그런데 애정을 표현하는 말이 넘쳐나는 만큼, 남에게 상처를 주는 말도 셀 수 없이 많아요. 이탈리아 사람과 연애하면 베르길리우스처럼 인생을 아름답게 해주는 말도 많이 듣지만, 동시에 상처를 많이 받기도 한다는 뜻이죠.

저는 제 작품에서도 연애를 다루기 어려워해요. 《테르마이 로마이》 4권부터 등장하는 주인공의 상대역인 사쓰키라는 여성도 편집자의 말을 듣고 힘들게 만든 캐릭터입니다. 만화에 연애 얘기가 없으면 독자들이 지루해할 거라는 충고에 저로서는 최선을 다해서 두 인물의 상황을 사랑스럽게 그렸어요. 그 과정은 무척 고통스러웠지만요. 사실 저는 주인공이 라틴어로 교류하는 일본인 상대역으로 할아버지 고고학자를 그리고 싶었어요.

어쨌든 사쓰키는 속편에도 등장합니다. 속편에는 라티나 씨와의 대담에 영향을 받아서 루시우스가 혼잣말하는 장면이나 대화를 나누는 장면에 라틴어를 많이 표기했습니다. 하지만 라틴어는 발음이 어려워요. 시대에 따라 많이 변했고, 현대 라틴어 읽는 법과도 다르니까요.

○ 호감을 얻는 특별한 방법

라티나   라틴어 표현에 관해 이야기하면서 언급하고 싶은 격언이 있습니다. 호라티우스의 ***omne tulit punctum qui miscuit utile dulci*** *유익과 쾌락을 섞은 사람이 만인의 호평을 얻는다*입니다.

야마자키   이 말은 여러 상황에 응용할 수 있을 것 같습니다. 인간이라면 결국 누구나 쾌락을 좇는다는 뜻이겠지요.

    로마 제국이 영토를 확장할 수 있었던 비결은 뭘까요? 역시 쾌락입니다. 속주가 된 지역은 로마 제국이 목욕탕과 극장 같은 오락 시설을 세워주자 저항할 수 없게 되었어요. 누구나 지금보다 사는 게 즐거워질 수 있다면 거절하기 힘들 거예요. 호라티우스의 이 격언에는 인간이 쾌락에 복종하는 존재라는 의미도 담겨 있다고 생각해요.

    그 밖에도 역사 속에서 권력자들이 자신과 뜻을 달리하는 사람에게 쓴 미인계 같은 수법도 결국 쾌락에 약한 인간의 본성을 노린 전략이라 할 수 있습니다. 그래서 쾌락은 위험하니 금해야 한다는 사상과 윤리가 생겨나는 거죠.

라티나 아무리 유익한 수업이라도 지식만 전달하면 지루할 수 있습니다. 약간은 주제에서 벗어난 재미있는 잡담을 곁들이면 학생들의 집중력이 높아지고 모두가 즐거워하는 수업이 될 수 있어요. 유익함에 즐거움과 쾌락을 더하는 셈입니다. 저는 이 격언이 전달 방식의 중요성을 일깨워주는 의미 있는 통찰이라고 생각합니다.

야마자키 그동안 고대 로마 역사를 다룬 책이 많았지만, 책 속의 외래어 이름이나 지명을 기억하기 어려워하는 독자들이 많았지요. 그런데 《테르마이 로마이》는 도입부에서 목욕과 코미디를 섞어 문턱을 낮추었더니 많은 사람이 쉽게 고대 로마의 세계에 들어와 주었습니다. 시리즈가 한창 인기를 얻었을 때는 정말 이 격언대로 유익함과 재미를 잘 섞어서 모든 이들의 호평을 얻었다는 말을 들었어요. 진지하게 고대 로마를 연구하는 사람들은 제가 좀 못마땅했을지도 모르지만요.

라티나 저는 현재 교양 교육기관에서 라틴어를 가르치고 있는데요, 수업 중에 재미있는 내용을 조금씩 섞어가며 모두의 호평을 얻으려고 합니다. 라틴어 공부를 대중화하는 게 목표랍니다.

야마자키 정말 좋은 생각입니다. 모든 사람이 깊이 있는 지식을 즐겁게 배우고 싶어 하니까요. 많은 사람이 관심을 가져주길 바랍니다.

라티나 네, 정말 그랬으면 좋겠습니다.

제4장

사는 게 생각만큼
단순하지 않을 때

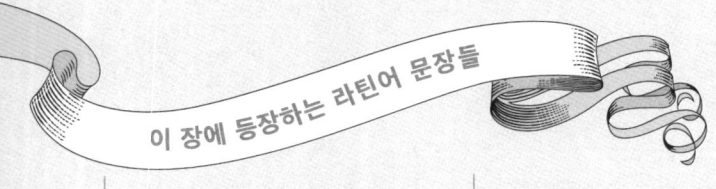

- ***abiit ad plures***
  아비이트 아드 플루레스
  더 많은 사람 곁으로 떠났다

- ***auribus teneo lupum***
  아우리부스 테네오 루품
  나는 늑대의 양쪽 귀를 잡고 있다

- ***uno saltu duos apros capere***
  우노 살투 두오스 아프로스 카페레
  한 숲에서 두 마리의 멧돼지를 잡는다

- ***in vino veritas***
  인 비노 베리타스
  술에 진실이 있다

- ***fecundi calices quem non fecere disertum?***
  페쿤디 칼리케스 퀨 논 페케레 디세르툼?
  넘치는 술잔에 웅변가가 되지 않는 사람이 어디 있던가?

- ***tempus omnia medetur***
  템푸스 옴니아 메데투르
  시간이 모든 것을 해결한다

- ***si monumentum requiris, circumspice***
  시 모누멘툼 레퀴리스, 키르쿰스피케
  그의 기념비를 찾으려거든 주위를 둘러보라

- ***magna civitas magna solitudo***
  마그나 키비타스 마그나 솔리투도
  큰 도시, 큰 고독

- ***totus mundus agit histrionem***
  토투스 문두스 아기트 히스트리오넴
  온 세상 사람들이 배역을 연기한다

라티나 이번에는 주목할 만한 라틴어 표현 체계 및 특징에 초점을 맞춰 격언들을 살펴보려 합니다.

○ 이별을 받아들이는 마음

라티나 먼저 ***abiit ad plures* 더 많은 사람 곁으로 떠났다**라는 문장을 이야기해보려 합니다. 현재 세상에 살아 있는 사람의 수보다 이미 죽은 사람의 수가 더 많겠지요. 따라서 이 말은 천국에 갔다, 다시 말해 죽었다는 의미가 됩니다.

영어에도 옛말에 go to the silent majority라는 표현이 있습니다. the silent majority란 말하지 않는 많은 사람, 즉 '죽어서 더는 말이 없는 사람들'이 됩니다. 이 라틴어 문구와 같은 뜻이에요. 직접적으로 얘기하지 않아도 의미가 전달되지요. 표현 방식이 재미있습니다.

야마자키 라틴어 표현은 번역을 거치며 우리가 이해하기 쉬운 말로 바뀌지만, 원문으로 봤을 때 함의가 풍부한 말이 많습니다. 상상력을 발휘하지 않으면 무슨 뜻인지 알 수 없는 함축적인 문구도 많아요. 듣는 사람의 인생관이나 경험에 따라 해석이 달라지기도 합니다. *abiit ad plures*라는 세 단어로 간결하게 표현했다는 점도 인상적입니다.

죽은 사람을 떠올리면 그립고 슬프지만, 많은 사람이 있는 곳으로 떠난 것이니 어쩌면 떠난 이에게 괜찮은 일이라는 마음이 듭니다. 가까운 사람에게, 그리고 자기 자신에게도 언젠가 반드시 찾아올 죽음을 깊이 생각하게 하는 말입니다.

○ 동물로 배우는 인생 교훈

라티나   또 다른 라틴어 표현 ***auribus teneo lupum* 나는 늑대의 양쪽 귀를 잡고 있다**에 대해 이야기 나눠 보겠습니다. 이 표현은 테렌티우스가 쓴 희극의 한 대사입니다. 늑대의 양쪽 귀를 잡고 있다는 것은 손을 놓으면 늑대에게 먹히는 상황이라는 뜻입니다. 하지만 계속 붙잡고 있기란 힘들지요. 따라서 도저히 방법이 없는, 꼼짝 못 하는 상황에 놓여 있음을 의미합니다. 희극 대사답게 위트가 느껴집니다.

야마자키   현대 이탈리아어에도 In bocca al lupo! '힘내!'라는 표현이 있습니다. 직역하면 '늑대의 입안에서'라는 뜻인데, 죽을힘을 다해 힘내라는 뉘앙스가 담겨 있습니다. 고대의 격언에도 동물을 비유로 한 표현이 많이 있나요?

라티나   네. 라틴어 명구를 다룬 사전을 보며 꼼꼼히 분류해보니, 동물 중에서도 당나귀와 늑대가 가장 많았습니다.

야마자키   당나귀와 늑대가 많군요. 그리스 이솝의 작품이라고 전해지는 이솝우화에도 두 동물이 참 많이 나오지요.

라티나   당나귀는 어리석음의 상징으로 사용될 때가 많습니다.

야마자키   당나귀는 지금도 마찬가지예요. 알고 보면 조심성 있고 성실한 동물인데, 왜 그런 인식이 생겼을까요? 인간의 지시에 따라 움직이는 동물이라서 그런 걸까요?

라티나   한편, 늑대는 실제로도 무서운 동물입니다.

야마자키   교활한 인간을 늑대로 비유하는 경우가 많지요.

라티나   그렇습니다. 가령 '양을 늑대에게 맡긴다'라고 하면 신뢰할 수 없는 사람에게 소중한 것을 맡긴다는 의미가 되지요. 로마인이 어떤 상황을 두려워했는지, 또 늑대를 얼마나 무서워했는지 알 수 있습니다.

야마자키   늑대의 이미지는 예나 지금이나 변하지 않네요.

라티나   '양의 탈을 쓴 늑대를 조심하라'는 말이 있지요? 그 말은 신약성서에도 나온답니다.

야마자키   지금은 유럽 늑대의 개체수가 급격히 줄고 있지만, 그 시대에는 산이나 숲에 살면서 사람들을 흔하게 습격했을 겁니다. 라틴어 표현에 또 어떤 동물들이 나오나요?

라티나   뱀도 많이 나옵니다.

야마자키 뱀은 탈피하는 성질 때문에 고대부터 길조나 풍요의 신으로 여겨졌습니다. 의학의 상징이기도 하고요. 개는 어떤가요? 폼페이에서 출토된 가옥의 현관에 있는 *cave canem*, '개 조심' 타일이 유명하잖아요.

라티나 개와 관련된 격언은 많지 않은 것 같습니다. 제가 재미있다고 느낀 표현은 멧돼지입니다. 재미있는 격언이 있어요. ***uno saltu duos apros capere* 한 숲에서 두 마리의 멧돼지를 잡는다**라는 뜻입니다. 일석이조를 라틴어 표현대로 바꾸면 일삼이저—森二猪가 되겠네요. 고대 로마에서 멧돼지를 흔히 볼 수 있었던 모양입니다. 멧돼지 고기도 먹었으려나요?

야마자키 네, 그렇습니다. 고대 로마 사람들은 워낙 돼지고기를 좋아했거든요. 부유한 사람들이 주최한 연회에는 멧돼지 머리를 장식으로 사용한 요리도 있었다고 합니다. 지금도 이탈리아 여러 지역에서 야생 멧돼지 요리를 흔히 즐깁니다. 토스카나 지방의 멧돼지 살라미도 아주 별미랍니다.

　이탈리아에는 고대 로마 시대부터 오늘날까지

면면히 이어져 내려오는 요리가 많이 있습니다. 라티나 씨도 이번에 가시면 꼭 드셔보세요. 로마의 명물인 아티초크는 고대와 같은 방식으로 조리한다는 점이 흥미롭습니다. 요즘에는 아피키우스의 요리책 《데 레 코퀴나리아》*를 참고하여 고대 로마의 맛을 재현한 메뉴를 선보이는 레스토랑도 있어요.

라티나   폼페이 유적지 주변에 그런 가게가 있는 모양입니다.

야마자키   맞아요. 그리고 고대 로마의 레시피를 사용하는 것은 아니지만, 유적 일부를 레스토랑으로 사용하는 가게도 있습니다.

◆   《*De re coquinaria*》. 4세기경에 편찬된 현존하는 가장 오래된 요리책이며, 고대 로마의 식문화를 엿볼 수 있다. 이 책의 저자는 오랫동안 1세기경 고대 로마의 유명한 미식가였던 아피키우스로 여겨졌으나, 실제로는 여러 시대 여러 사람의 손을 거쳐 다양한 조리법이 집대성된 것으로 밝혀졌다.

○ 술이 가르쳐주는 것들

야마자키   라티나 씨는 술 드시나요?

라티나   술이 안 맞는 체질이라 잘 못 마시지만, 좋아합니다. *in vino veritas* 술에 진실이 있다도 유명한 라틴어 표현이지요.

야마자키   고대 그리스 시대부터 사용되던 격언입니다. 이 문구도 기념품 가게의 마그넷에서 자주 볼 수 있지요. 이탈리아에서 유학하고 몇 년 뒤 일본에 돌아왔을 때, 종일 입을 꾹 다물고 성실하게 일하는 샐러리맨들이 퇴근 후에 동료들과 술을 마시며 얼큰하게 취해 상사를 신랄하게 욕하는 모습을 보고 조금 놀랐습니다. 이탈리아 사람들은 할 말을 마음속에 쌓아두질 못해요. 바로 표현하는 경향이 있죠. 반면 일본에서는 술의 힘을 빌리지 않으면 속마음을 말하지 못하는 것 같아요. 이 격언이 탄생한 고대 로마 시대에도 사람들이 쉽게 속을 드러내기 어려워했다는 점을 알 수 있습니다.

라티나 *fecundi calices quem non fecere disertum?* 넘치는 술잔에 웅변가가 되지 않는 사람이 어디 있던가?라는 표현도 있지요. 외국어를 배울 때 음주는 의외로 추천하는 공부법입니다. 술을 마시면 긴장도 풀리고 대담해지니까요. 저도 술기운 덕에 말하기가 쉬워졌던 경험이 있습니다.

다만 저는 술을 마시면 턱관절이 아픕니다. 혈액 순환이 촉진되면서 혈관이 팽창한 탓인 듯한데, 저 같은 증상을 보이는 사람들이 있다고 해요. 그래서 저는 아직 만취해본 적이 없네요. 본성을 드러내지 못하고 있습니다.

야마자키 외국어로 말할 때 문법을 틀리면 안 된다고 생각해서 좀처럼 실력이 늘지 않는 경우가 많다고 들었습니다. 그런 경우 술이 들어가면 도움이 되겠네요. 언어를 배울 때는 조금 부족하더라도 자신 있게 말하는 태도가 필요합니다. 세세한 것에 신경 쓰지 않는 사람이 오히려 더 빨리 익힐 수도 있어요. 라티나 씨도 꼼꼼한 편이신 것 같은데, 이탈리아에서는 점심 식사 때 와인을 한 잔씩 곁들이곤 하니까 이탈리아에 가시면 사람들과 어울려

한잔해보세요.

라티나 앞서 로마의 요리에 관해 이야기했는데요, 고대 로마의 제조법으로 만드는 와인도 있습니다. 저는 자주 방문하는 와인숍에서 구매하곤 하는데, 이탈리아가 아니라 프랑스에 있는 양조장에서 만듭니다.

야마자키 어떤 와인이 있나요?

라티나 와인에 꿀을 섞은 물숨_mulsum_, 바닷물이 들어간 투리쿨라이_turriculae_, 달콤한 카레눔_carenum_이 있습니다. 저는 가게에 수입을 부탁해서 구매하곤 합니다.

야마자키 남편의 본가는 파도바인데, 프로세코_prosecco_라는 스파클링 와인의 생산지예요. 다른 나라에도 판매되고 있지만 아직 대중화되지는 않은 것 같습니다. 이탈리아의 스파클링 와인으로는 스푸만테_spumante_가 유명한데, 저는 남편 고향이 생산지인 프로세코를 많이 마셨습니다.

프로세코는 플리니우스의 기록에도 남아 있는

고대 술이에요. 고대 로마 시대부터 마셨다고 알려져 있죠. 라티나 씨도 고대 로마를 떠올리며 프로세코를 꼭 드셔보셨으면 좋겠네요.

라티나 마셔 보겠습니다. 로마인들처럼 물을 타서요.

야마자키 프로세코는 물 타지 말고 드세요. 물에 타서 마시면 진실을 말할 수 없잖아요. 하하.

이탈리아에서는 술을 마시든 안 마시든 맨정신으로도 하고 싶은 말을 마음껏 합니다. 속마음을 숨기고 있으면 "너 할 말 있잖아. 얼굴을 보면 다 알아. 여기서 다 털어놔"라는 이야기를 듣기도 해요. 술에 관한 이 격언은 지금의 이탈리아에서는 별로 통하지 않겠네요.

◇◇◇

야마자키 술을 마시면 오히려 실수하는 사람도 있습니다. 취했다는 핑계로 얼렁뚱땅 넘어가기도 하지만, 심한 경우 관계가 완전히 틀어지기도 하죠.

라티나 나중에 "그때 그런 말 해서 미안, 진심은 아니었어"라고 말하는 사람이 바로 그런 유형일 수 있겠네요. 그런데 속마음이 튀어나왔다고 해서 너무 걱정할 필요는 없다고 생각합니다. 어차피 인간이란 잊어버리는 존재잖아요. 저는 종종 무슨 말을 들었는지 잊어버리는 경우가 있는데, 그럴 땐 사과를 받아도 난감합니다.

야마자키 쿨하시네요. 저는 술을 안 마시고도 늘 속마음을 그대로 말하는 편이라 사과하는 사람의 마음을 잘 압니다. 하하.

라티나 야마자키 씨가 *tempus omnia medetur 시간이 모든 것을 해결한다*라는 문구를 고르셨네요. 사실 시간이 지나면 모든 걸 잊게 된다는 건 인간에게 주어진 참 편리한 기능이에요. 망각은 신의 선물이라는 말도 있잖아요.

야마자키 망각이라는 기능은 정서적 건강 및 행복을 증진하고 인지 능력의 효율성 또한 높이기 때문에, 잊어도 괜찮은 일이라면 빠르게 잊는 편이 좋습니다. 하지만 쉽사리 잊히지 않는 일들도 있지요. 그래도 역시 시간이 지나면 해결됩니다. 시간이 흐른다고 슬픔과 괴로움이 사라지는 건 아니지만, 면역이 생겨서 처음만큼 힘들지는 않아요. 이 또한 사람이 성숙해지려면 꼭 필요한 과정입니다. 세월이 흘러도 마음속에 깊이 남아 맴도는 격언입니다.

라티나   이 말을 선택하신 배경에는 어떤 경험이 있으셨나요?

야마자키   이 격언은 저뿐 아니라 지금까지 많은 사람의 버팀목이 되어주었을 거예요. 앞으로도 계속 사람들을 위로해줄 말이라고 확신합니다. 개인적인 경험이야 수없이 많죠. 예를 들어 유학 시절 겪었던 참담한 날들에 대해 이제는 사람들 앞에서 담담히 이야기할 수 있게 되었습니다. 저는 목표를 정해서 달성하기보다 눈앞의 장애물을 헤쳐나가는 식으로 인생을 살아왔어요. 여러 가지 장애물을 극복해 나가다 보면 어떤 결과가 나오기 마련입니다. 이 또한 시간이 주는 효용이라 할 수 있습니다. 제 모든 작품도 인생에서 겪은 고뇌와 갈망의 결실이니까요.

라티나 *medetur*의 *med*는 영어의 medical, 즉 '의학의'라는 뜻과 연결됩니다.

야마자키 맞습니다. 그래서 직역하자면 시간이 '해결한다'기보다는 '치료한다', '치유한다'에 가깝지요. "시간이 치유해준다." 소중한 사람이나 반려동물을 잃은 분들, 실패해서 다시 일어서기 힘든 분들께 전하고 싶은 말입니다.

○ 의미 있는 연결 찾아가기

라티나 다음으로 표현 방식에 주목하고 싶은 라틴어 문장은 ***si monumentum requiris, circumspice***입니다. **그의 기념비를 찾으려거든 주위를 둘러보라**라는 뜻이죠. 이는 고대 로마가 아니라 18세기에 영국에서 쓰인 라틴어로, 크리스토퍼 렌의 묘비에 새겨진 문구입니다.

크리스토퍼 렌은 런던의 세인트 폴 대성당을

포함하여 많은 건축물을 설계한 건축가입니다. 그의 묘비도 세인트 폴 대성당에 있지요. 제가 원래 건축에 관심이 많고, 특히 크리스토퍼 렌과 그가 설계한 건물들을 좋아합니다. 그래서 그가 남긴 이 위트 넘치는 묘비명도 무척 좋아하게 되었고, 이번 대담에서 꼭 소개하고 싶었습니다.

야마자키 이 말에는 어떤 의미가 담겨 있나요?

라티나 그의 기념비를 찾고 있다면 그냥 주위를 둘러보면 된다. 다시 말해, 그가 설계한 이 세인트 폴 대성당 자체가 그의 기념비라는 뜻입니다.

야마자키 그렇군요, 이 또한 핵심을 찌르는 말이네요. 눈으로 보지 않고 교과서만 공부하고 나서 모든 걸 알았다고 착각하지 말라는 의미도 될 것 같습니다.
  저도 인터뷰에서 저에 관한 이런저런 질문을 받다 보면 "저한테 묻기보다 먼저 제 작품을 읽어보세요"라고 대답하고 싶을 때가 있는데, 비슷한 느낌일까요? 물론 크리스토퍼 렌은 이러한 문구가 새겨질 정도로 누구나 아는 위대한 건축물을 남긴 인물이지만요.

라티나   자고로 묘비명이라고 하면 딱딱하고 진지한 문장이 새겨져 있을 것 같은데, 쉬운 말로 그 사람의 업적을 충분히 기리고 있습니다.

야마자키   배울 점이 많네요.

◇◇◇

라티나   야마자키 씨가 고르신 라틴어에서도 재미있는 표현을 발견했습니다. *magna civitas magna solitudo* 큰 도시, 큰 고독입니다. 그리스 말에서 유래한 표현으로, 에라스무스의 《격언집》에 나옵니다.

야마자키   우치야마다 히로시와 쿨파이브_{1967년에 결성된 밴드—옮긴이}가 부른 〈도쿄 사막東京砂漠〉이라는 노래가 있습니다. 제목 그대로 도쿄를 사막이라고 표현하고 있어요. 도시의 고독은 많은 예술가가 다루는 주제입니다. 사람이 많이 모일수록 서로에게 무관심해지는 법이니까요. 큰 도시에 살수록 사람 간의 거리를 더 뚜렷이 느끼는 것 같습니다. 고대 로마와 고대 그리스의 아테네가 바로 그런 대도시였어요. 사람들이 모일수록 자신이 누구인지 점점 알 수 없게 됩니다. 자신의 진짜 모습보다는 자기가 보고 싶은 대로, 남들에게 보여지고 싶은 모습대로 스스로 바라보게 되죠. 고대에도 마찬가지였다는 사실이 매우 인상 깊습니다. 대도시의 본성은 문명의 초창기부터 변하지 않았다는 뜻일 겁니다.

라티나 이 문구가 많은 사람에게 인용되고 라틴어 명문구 사전 등에도 실려 있는 이유는 야마자키 씨의 말씀처럼 심리적인 고독으로 해석되었기 때문인 것 같습니다. 그런데 본래 *solitudo*는 정신적인 고독이 아니라 물리적인 고독을 뜻합니다. 사막이나 광야 같은 쓸쓸한 장소를 가리키는 말입니다. 사람이 북적이는 곳에도 사람이 살지 않는 공간은 있기 마련입니다. 도쿄만 봐도 상업용 건물이든 업무용 건물이든 빈 곳이 점점 늘어나는 것 같아요. 이런 곳이 바로 *magna civitas magna solitudo*입니다. 한편, 야마자키 씨가 대도시의 사람들이 서로에게 무관심하다고 말씀하셨는데, 저는 무관심에도 좋은 면이 있다고 생각합니다.

야마자키 라티나 씨가 요즘 사람이라 그럴지도 모르겠어요. 예전에는 일본에는 집단 취직1950~1970년대에 지방의 중·고등학교 졸업생들이 대도시 기업에 단체로 취업하던 관행 — 옮긴이이라는 게 있어서 지방 사람들이 한꺼번에 도쿄로 올라오곤 했습니다. 그들은 분명 정도 많고 참견도 많은 시골과 서로에게 관심 없는 도시 사이의 괴리를 뚜렷이 느꼈을 겁니다.

대도시의 적막을 그린 대표적 작품에는 미국의 작가 트루먼 커포티의 《티파니에서 아침을》이 있지요. 일본에서는 아쿠타가와상 등을 수상하고 유력한 노벨 문학상 후보로 여러 차례 거론되었던 아베 코보가 도시에 사는 인간의 고독과 사회의 삭막함을 주제로 많은 작품을 남겼습니다. 도시에 살면 자신의 존재가 내 의지와 상관없이 규정되거나 혹은 지워질 수도 있다는 점에 주목한 작가들이죠.

그렇다고 저도 시골 생활이 마냥 편하다고 생각하는 것은 아니에요. 〈도쿄 사막〉 역시, 도시는 메마른 곳이지만 당신이 있어서 행복하다고 노래합

니다. 도시의 모순이 사람에 대한 그리움을 한층 키우는 효과도 있습니다. 외로운 도시인의 노래라고 하면, 1970년대 데뷔한 싱어송라이터 야마시타 타츠로 씨의 〈크리스마스 이브クリスマス·イブ〉도 유명하지요. 대도시에 크리스마스가 찾아와 거리에는 조명이 켜지고 모두가 설렘으로 가득하지만, 내가 기다리는 그 사람은 오지 않는다는 슬픈 내용의 노래입니다. 이 곡이 인기가 많았다는 것은 이 가사에 감정을 이입하는 사람이 많았기 때문 아닐까요?

어느 시대에나 하루하루를 살아가는 사람들에게 군중 속 고독은 보편적인 주제입니다. 지금보다 사람 수가 적었던 고대에도 이러한 감정을 똑같이 느꼈다는 점에서 이 표현을 소개했습니다.

라티나 저는 다른 사람에게 간섭받지 않는 나만의 시간도 중요하다고 생각합니다. 도시에 살면 원할 때 언제든지 혼자가 될 수 있습니다. 따라서 오히려 자신이 내린 결단에 대해 다른 사람들의 말을 듣지 않을 수 있지요. 그런 의미에서 도시 생활은 고독하더라도 마음을 차분하게 하는 면이 있다고 생각합니다.

야마자키   그 점은 공감합니다. 시골은 감당해야 할 시골만의 허들이 있으니까요.

라티나   제가 시골에서 태어나고 자랐기 때문일 수도 있습니다. 그곳에서는 확실히 자연을 만끽하며 조용히 평화를 누릴 수 있지만, 한편으론 이웃끼리 모든 걸 알고 있어서 프라이버시가 별로 없습니다.

야마자키   라티나 씨에게 시골에서의 경험은 일종의 트라우마 같은 것일까요? 저의 경우 도쿄에서 태어났지만, 어린 시절은 홋카이도에서 보냈습니다. 열일곱 살부터는 일본은 아니었어도 줄곧 도시에서만 살았어요. 이제 시골에서는 살기 어려울 것 같아요. 남편의 본가는 이탈리아의 지방 소도시인데, 사람들이 소문을 좋아하고 참견을 많이 하는 편이라 가고 싶은 마음이 별로 안 들더군요. 한편 도시의 성격도 나라에 따라 좀 다릅니다. 예를 들어 카이로와 시카고는 둘 다 대도시지만 분위기가 확연히 달랐어요. 제가 좋아하는 도시는 포르투갈 리스본입니다. 그곳 사람들은 누군가 도움이 필요할 때 주저 없이 손을 내밀고, 고맙다는 인사는 바라지 않아요. 현명한 이타심이 살아 있는 곳이죠. 지금도 마음 편히 쉬고 싶을 때는 리스본에 있는 집에서 시간을 보내곤 합니다.

○ 삶은 하나의 연극

야마자키 ***totus mundus agit histrionem***\u2060는 영국의 철학자 솔즈베리의 존이 남긴 말로, 런던의 글로브 극장*에 걸려 있던 문구입니다. **온 세상 사람들이 배역을 연기한다라는 뜻이죠.**

라티나 정확히는 솔즈베리의 존이 쓴 문장에서 유래했다고 '알려진' 문구입니다. 실제로 솔즈베리의 존은 *fere totus mundus iuxta Petronium exerceat histrionem*, "페트로니우스가 말하길, 거의 모든 사

---

* 여기서 말하는 글로브 극장은 16세기부터 17세기에 걸쳐 존재했던 극장으로, 현존하는 동명의 극장과는 별개다.

람이 배역을 연기한다"라고 썼습니다. 하지만 페트로니우스의 작품에서 이러한 글은 발견되지 않았습니다.

야마자키 전에 라티나 씨가 X(트위터)에서 이 문장을 언급하면서 "온 세상이 배우처럼 연기하고 있다"라고 소개하셨지요. 라틴어 명구를 다룬 사전에는 "세상 전체가 연극을 하고 있다"라고 되어 있고요.

　　　　　　*mundus*를 직역하면 '세상'입니다. 즉 *totus mundus*는 '온 세상'이 되는데, *mundus*에는 '세상'뿐 아니라 '세상에 사는 사람들'이라는 의미도 있습니다. 따라서 '온 세상 사람들이 배역을 연기하고 있다'라고 해석하는 편이 자연스럽지요.

라티나 *mundus*는 참 어려운 단어입니다. 사전에도 '세상'과 '세상의 주인인 인류'라는 해석이 함께 실려 있습니다.

야마자키 이탈리아어에서도 전 세계 사람들이라는 의미로 tutto mondo를 사용할 때가 있습니다. 이탈리아어를 알면 '세상'이라고만 번역하는 것은 충분하지 않다는 걸 알게 됩니다.

라티나 프랑스어에도 tout le monde, '모든 사람'이라는 표현이 있습니다. *totus mundus*의 계보를 잇네요.

◇◇◇

라티나 다시 *totus mundus agit histrionem*으로 돌아와서, 이 말은 셰익스피어의 《당신 뜻대로》에 나오는 유명한 대사 All the world's a stage, 즉 '이 세상은 연극 무대'의 기원이 되었다고 여겨집니다.

야마자키 인간 사회를 넓은 시야로 통찰한 매우 인상 깊은 격언입니다. 세상일을 바라보면 '인간이란 도대체 무슨 짓을 저지르며 사는 존재인 거야?' 싶을 때가 많지만, 그렇게만 볼 게 아니라 *esse quam videri*, '그렇게 보이기보다 그렇게 존재하라'라는 말을 연결 지어 생각하고 싶습니다(자세한 내용은 다음 장에). 이 말에는 겉모습에 치중한 피상적인 내가 아니라 있는 그대로의 본질적인 '나'로 있으라는 의미도 담겨 있겠지요. 남의 시선을 먼저 생각하느라 자신의 본모습을 철저히 감추고 사는 사람들이 있습니다. 평생 그렇게 체면과 겉치레에 얽매여 자기를 숨긴 채 살아가야 한다고 생각하면 안쓰러워요. 쓸데없는 참견이지만요.

라티나 이 문장은 근세에 생겼지만, 이 말과 유사한 사상은 고대에도 있었던 것 같습니다. 《그리스 사화집 The Greek Anthology》*에 수록된 팔라다스의 시에는 "모든 인생은 무대이며 희극이다"라는 말이 있어요.

야마자키 셰익스피어가 그 사상을 이어받은 대사를 썼다는 것은, 극작가였던 자신 또한 인생을 연극으로, 세상을 극장으로 바라보고 있었다는 뜻이겠지요. 삶의 본질을 짚어낸 매우 설득력 있는 말입니다.

---

* 고대부터 비잔티움 시대까지 약 16세기 동안 4000여 편의 시를 모은 총 15권의 광대한 작품집이다. 고대와 중세에 걸쳐 여러 편집과 증보가 이루어졌으며, 18세기에 독일 학자들에 의해 근대적 편집과 출판이 이루어졌다.

제5장

더 나은 사람이
되고 싶을 때

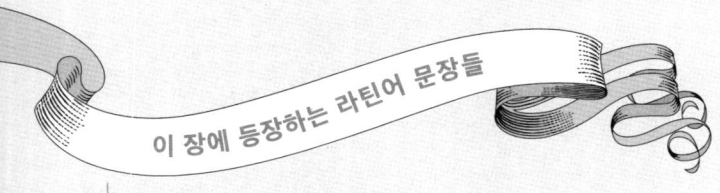

- **_vita si scias uti longa est_**
  비타 시 스키아스 우티 롱가 에스트
  인생은 길다, 그 사용법만 안다면

- **_dum vivimus vivamus_**
  둠 비비무스 비바무스
  살아 있는 동안엔 살아가자

- **_esse quam videri_**
  에쎄 쾀 비데리
  그렇게 보이기보다 그렇게 존재하라

- **_inops, potentem dum vult imitari, perit_**
  이놉스, 포텐템 둠 불트 이미타리, 페리트
  힘없는 자가 힘 있는 자를 흉내 내다간 망한다

- **_forsan et haec olim meminisse iuvabit_**
  포르산 에트 하이크 올림 메미니쎄 이우바비트
  이 또한 언젠가 즐거운 추억이 되리

- **_miseris succurrere disco_**
  미세리스 수쿠레레 디스코
  나는 불행한 사람들을 돕는 법을 배우고 있다

라티나   이 대담의 출발점으로 돌아와서, 인생과 삶의 방식을 다룬 격언에 대해 좀 더 심층적으로 이야기 나눠 보겠습니다.

○ 시간을 제대로 쓰는 법

라티나   먼저, ***vita si scias uti longa est* 인생은 길다, 그 사용법만 안다면**이라는 격언에 대해 이야기를 나눠보려 합니다. 많은 사람이 인용하는 말이지요.

　루키우스 안나이우스 세네카가 《인생의 짧음에 대하여》라는 문학 작품에서 쓴 문장입니다. 세네카는 "인간에게 주어진 시간이 본래 짧은 것이 아니라 낭비하고 있기 때문에 짧게 느껴지는 것이다. 인생은 실제로 짧지 않고 그 사용법을 안다면 충분히 길다"라고 말합니다.

　최근 저는 구독 중인 스트리밍 서비스를 통해 몇 시간 내내 영상을 볼 때가 많습니다. 언뜻 생각했을 땐 시간을 낭비하는 것 같지만, 실제로 시간 낭비인지 아닌지 그 시점에는 알 수 없습니다. 어느 날 제가 겪는 상황이 우연히 봤던 작품 속의 상황과 똑같아서 그 장면을 본 경험이 도움이 될 수도 있으니까요. 실제로 그런 적이 있기도 합니다.

야마자키 이 격언은 시대에 따라 해석이 달라질 수 있을 것 같아요. 저도 《플리니우스》에서 세네카에 대해 자세히 다룬 적이 있습니다. 네로의 가정교사이기도 했던 그는 당대 최고의 지식인이었습니다. 그가 이 글을 썼던 시절에는 당연히 스트리밍 서비스도, 휴대전화도, 인터넷도 없었습니다. 지금처럼 정보가 넘쳐나는 시대가 아니었지요. 그가 남긴 이 말은 '인간은 자신이 지닌 지성과 감정의 기능을 사용해야 비로소 의미 있는 존재다'라는 가르침에 바탕을 두고 있다고 생각합니다.

강연회 같은 자리에서 자주 말씀드리는 내용인데, 좋은 삶을 살고 싶다면 긍정적인 감정뿐만 아니라, 괴로움, 좌절, 실망, 절망, 굴욕 같은 감정들도 빠짐없이 골고루 사용해야 합니다. 세네카의 이 말은 소크라테스가 남긴 "그냥 사는 것이 아니라 잘 사는 것이 가장 중요하다"라는 말과 연결됩니다. 저 역시 동의하는 말입니다. 세상은 그저 오래 사는 것에 집착하는 경향이 있지만, 자신에게 주어진 능력을 골고루 사용한다면 몇 살에 죽느냐는 그다지 중요하지 않습니다.

    정보화가 발달되면서 사람들은 상당히 나태해진 것 같습니다. 스스로 생각하는 대신 누군가가 하는 말을 자기 생각으로 삼지요. 조사해야 할 것이 있으면 도서관에 가 책을 들춰보는 대신 인터넷에서 바로 답을 찾으며, 동영상을 2배속으로 보고는 내용을 전부 이해했다고 착각합니다. 뇌를 필요 이상 사용하지 않고 그저 표면적으로 데이터를 덮어쓰면 그걸로 됐다고 여기는, 합리성과 가성비를 중시하는 시대죠. 작금의 상황을 소크라테스나 세네카가 본다면 아마 깜짝 놀라서 입을 다물지 못할 거예요.

라티나   야마자키 씨는 어떠신가요? 인생이 길다고 생각하세요, 짧다고 생각하세요?

야마자키   죽음에 관해서는 늘 생각하고 있지만, 인생의 길고 짧음에 관해서는 별로 신경 쓰지 않습니다. 주어진 사명을 완수할 수 있다면 그걸로 만족해요.

    내일 죽든 80세에 죽든 100세를 넘게 살든 제

마음은 크게 달라지지 않습니다. 이미 많은 일을 했기 때문에 지금 이대로도 충분합니다. 인간이라는 사회적 존재의 본질도 대략 알게 되었고, 파란만장했지만 이런저런 경험을 하면서 재미도 있었으니, 이제 더는 바랄 게 없습니다. 아직 해야 할 일들이 남았으니 열심히 하자거나 인생을 더 즐기지 않으면 후회할 거라는 일말의 미련도 없어요. 그래서 때가 오면 죽음을 깨끗이 받아들일 수 있을 것 같습니다.

아마도 제가 존경하는 사람들, 그리고 제 버팀목이 되어준 존재들이 모두 저세상 주민이라는 사실도 죽음을 긍정적으로 받아들일 수 있게 하는 요인인 것 같습니다. 제 작품에는 플리니우스나 스티브 잡스처럼 이미 세상을 떠난 사람을 그린 만화가 많은데, 만화를 그리다 보면 마치 그들과 대화하는 기분이 들었습니다. 먼저 떠난 위인들이 남기고 간 업적은 인간 정신의 유전적 계승이라고 생각해요. 제가 그 다리를 잇는 데 조금이라도 역할을 했다면 더 바랄 게 없습니다. 라티나 씨는 오래 살고 싶으신가요?

라티나 오래 살면서 다양한 글을 쓰고 라틴어를 사람들에게 널리 알리고 싶다는 마음은 있지만, 몇 살까지 살고 싶다는 구체적인 목표는 따로 없습니다. 제가 하고 싶은 일을 다 할 수 있으면 그걸로 만족합니다. 그리고 이건 좀 개인적인 이야기입니다만, 도쿄 디즈니랜드가 100주년을 맞이하는 해에 가보고 싶은 마음은 있습니다.

야마자키 목표 달성의 순간이 명확해서 좋네요. 100주년이면 언제인가요?

라티나 2083년입니다. 그때 제 나이는 91세이고요.

야마자키 점점 수명이 길어지고 있으니, 라티나 씨라면 분명 100주년을 보러 갈 수 있을 거예요. 문제없을 겁니다.

○ 살아 있는 것과 살아가는 것

라티나 야마자키 씨가 고르신 문장 ***dum vivimus vivamus***

살아 있는 동안엔 살아가자는 그야말로 이상적인 삶의 태도를 잘 보여주는 말입니다.

야마자키 지금 저희가 길게 나누었던 이야기와 비슷한 내용입니다. 인생을 너무 무겁게 생각하지 말고, 지구에 생명을 지니고 태어났으면 자신에게 주어진 능력을 골고루 사용하며 그저 열심히 살아가면 된다는 얘기예요. 이 말은 에피쿠로스학파의 모토였던가요?

라티나 그렇게 소개하고 있는 책도 있습니다. 하지만 제가 조사해봤는데, 그들이 이 말을 신조로 삼았다는 정확한 근거는 찾지 못했습니다. 물론 에피쿠로스학파에서 모토로 삼을 만한 말이긴 하지요.

야마자키 에피쿠로스학파는 쾌락주의라고도 불리는 철학의 한 파로, 무엇이든 긍정적이고 낙관적으로 바라보며 정신적인 쾌락을 추구하는 것이 특징입니다. 고대 그리스 시대를 살았던 철학자 에피쿠로스로부터 시작된 사상으로, 그는 정신적·육체적 고통에서 벗어난 평온한 상태를 진정한 쾌락으로 보고, 이를 삶의 궁극적인 목표로 삼았습니다. 에피쿠로스학파는 세네카가 따랐던 금욕주의적 스토아학파와 대조됩니다. 지금도 낙관적인 사람을 가리켜 "저 사람 에피큐리언이야"라고 말하기도 하지요.

라티나 몇몇 언어의 단어에도 여전히 남아 있습니다. 영어의 epicurean, 이탈리아어의 epicureo가 그렇습니다.

야마자키 에피쿠로스학파가 남긴 말들은 마치 선문답처럼 느껴집니다. 곰곰이 곱씹어보면 '지금 겪고 있는 고통도 별일 아니었구나' 하고 깨닫게 하는 것들이 많아요. 이 학파가 이러한 사상에 이르기까지는 여러 고통스러운 감정들을 경험했을 것입니다. 단순히 긍정적인 태도라기보다, 그러한 뒷받침을 생각하면 이 격언 역시 더욱 설득력 있게 다가옵니다.

○○○

라티나 제가 삶에 대한 조언으로 선택한 말은 *esse quam*

videri 그렇게 보이기보다 그렇게 존재하라입니다. 겉모습보다는 본질을 강조하는 표현이죠. 저 역시 본질이 중요하다고 봅니다.

고대 로마의 정치가이자 역사가였던 살루스티우스가 쓴 역사책에는 카토*라는 인물에 대해서 "그는 뛰어난 사람처럼 보이기보다 실제로 뛰어난 사람이기를 바랐다"라고 적혀 있습니다. 당시에도 겉치레만 번지르르할 뿐 실속 없는 사람들이 있었겠지요.

야마자키 겉모습 중에는 스스로 꾸며낸 것도 있지만, 자기 의지와 상관없이 타인에 의해 만들어진 이미지도 있습니다. 예를 들어 라티나 씨에 대해 정작 라티나 씨 자신은 전혀 자각하지 못하는 어떤 이미지가 생기는 거죠. 그렇게 타인에 의해 만들어진 모습이야말로 진정한 자신이라고 믿는 사람도 있을 겁니다. 흔히 있는 일이기도 하지만, 이 격언은 그런 일이 없도록 조심하자는 뜻의 말이에요.

◆ 여기서는 소小 카토를 가리킨다. 공화정 로마의 정치가이자 철학자로, 카이사르와 싸우다 패하자 항복하지 않고 자살로 생을 마감했다.

라티나   남들에게 비치는 이미지도 물론 중요하지만, 실제 행동으로 자신의 가치를 보여주는 것이 더 중요합니다. 이미지는 말이나 다른 여러 가지를 통해 만들어질 수 있지만, 실제 행동을 결코 이길 수 없습니다. 제가 중요하게 여기는 점을 잘 표현해 준 말입니다. 이 말은 또한 미국 노스캐롤라이나주의 모토이기도 합니다.

야마자키   노스캐롤라이나주는 왜 이 문구를 모토로 삼았을까요? 노스캐롤라이나주 출신인 친구가 있는데, 그 친구에게서는 이러한 점을 딱히 느끼지 못했네요. 하하.

    요즘은 SNS 같은 데서 익명으로 자신을 숨기거나 페르소나를 만들어서 위장하는 게 당연한 시대입니다. 그런데 SNS에서 거칠게 말하던 사람을 실제로 만나보면 무척 겁 많고 소심한 사람인 경우가 꽤 있습니다. 전에 인터넷상에서 저를 끊임없이 비난하는 사람이 있었어요. 너무 화가 나서 다이렉트 메시지로 "적당히 하세요. 할 말 있으면 내 앞에서 직접 말씀하시고요"라고 보냈더니, "야마자키 씨와 직접 대화하다니 영광입니다!"라는 대답이 돌아온 거예요. "설마 반응이 올 줄이야! 너무 기뻐요!"라면서요. '이 사람 뭐야?' 싶었는데, 돌이켜보니 관심을 보여준 제가 바보였죠.

    아무튼 SNS라는 것은 어떤 면에서는 지긋지긋합니다. 실천 없는 정의를 내세우며 모두에게 추앙받고 겸손을 가장하면서도 칭찬받고 싶어 견디지 못하는, 인정 욕구로 충만한 사람들로 가득 차 있어요. 남의 거울에 비추지 않으면 자기 모습을 볼 수 없는 사람들이죠. 그렇게 타인에게 보이는 모습으로만 자기 자신을 알게 되면, 그만큼 자신을 잃기도 쉽습니다. 거울에 아무것도 비치지 않으면 그 순간 자신의 존재도 사라지게 되니까요. 사회가 어떻든, 그러니까 아무리 남에게 보이는 모습이 중요한 시대일지라도 자기 모습은 자기 거울에 비추어 확인하는 사람이 되라는 뜻으로 해석해도 좋은 말이라고 생각합니다. 노스캐롤라이나주, 새삼 훌륭한 말을 모토로 삼았네요.

라티나   페르소나를 만든다는 것은 캐릭터를 만드는 거라고도 할 수 있겠네요.

야마자키   종이로 만든 갑옷을 몸에 둘러봐야 금방 무방비 상태가 됩니다. SNS 안에서만 존재할 수 있는 사람은 언제라도 무너질 수 있는 사상누각과 같은 존재입니다. 그런 사람들에게 사로잡혀 기분이 상하는 것도 시간 낭비, 정신력 낭비일 뿐이에요. 라티나 씨도 SNS를 하다 보면 '이 사람 뭐야?' 하는 생각이 들 때가 있으실 것 같아요.

라티나   네, 야마자키 씨의 경험처럼 다이렉트 메시지를 보냈더니 태도를 바꾸는 사람도 있었습니다. 대체로 일대일이 되면 갑자기 순해져요.

야마자키   특히 팔로워 수가 많아지면 자신이 대단한 존재라고 착각하기 쉽습니다. 익명이라는 안정감 속에서 집단의 위세를 빌려 허세를 부리는 거예요. 어떤 생각이든 자신을 지지해주는 사람이 몇 명만 있으면 마치 작은 종교의 교주라도 된 듯한 기분이 들죠.

라티나   맞습니다. 팔로워를 마치 자신의 신자처럼 생각하는 사람도 있어요.

야마자키 *esse quam videri*, 그렇게 보이기보다 그렇게 존재하라는 말은 왜곡된 가치관에 휩말리기 쉬운 요즘 같은 시대에 더 새겨들어야 할 말입니다.

라티나 '보이다'에 해당하는 *videri*는 수동태입니다. 수동이 성립하려면 항상 다른 사람이 필요합니다. 다른 사람이 없으면 성립하지 않아요. 한편, *esse*는 '존재하다'라는 뜻의 능동태이므로 스스로 성립합니다. 이러한 구성이 더 깊은 감명을 주네요.

야마자키 겨우 세 단어의 단순한 말인데, 심오한 뜻이 담겨 있습니다. 이 또한 라틴어 격언의 매력이지요.

○ 비교하지 않는 삶

야마자키 *esse quam videri*와 관련 있는 말로 ***inops, potentem dum vult imitari, perit* 힘없는 자가 힘 있는 자를 흉내 내다간 망한다**를 함께 소개하고 싶습니다. 일본에는 이와 비슷한 의미로 '큰 보자기를 펼치다'라는 속담이 있지요. 담을 물건이 얼마 없는데도 큰 보자기를 펼친다, 즉 실속이 없는데 허세를 부린다는 뜻입니다. 주변을 둘러보면 이런 사람이 꽤 많습니다. 라티나 씨 주변에도 있지 않나요?

라티나   라틴어 업계에서는 딱히 없는 것 같아요. 라틴어를 배우려는 사람 자체가 적어서요.

야마자키   라틴어 분야에서는 그럴지도 모르겠네요. 예술이나 창작 업계에는 많습니다. 자기 존재를 드러내고 싶은 건지 자의식 과잉인지 모르겠지만, 인정받고 싶어서 견디지 못하는 사람은 자기 능력 이상으로 허세를 부리지요. 처음에는 사람들의 시선을 끌지 몰라도, 결국 알맹이가 없으면 이를 유지하기란 쉽지 않습니다.

  자신의 진짜 모습을 마주하지 못하는 사람을 보면 안타깝습니다. 일본에서는 단순히 사회에 도움이 될 뿐만 아니라 사람들이 감사하는 존재를 이상적인 인간상으로 가르치는 경향이 강합니다. 세상에 태어난 이상 그런 사람이 되라고 가르치죠. 이처럼 어른들은 아이에게 자꾸만 특별한 사람이 되라고들 하는데, 애초에 '특별한 사람'이란 무엇을 뜻하는 걸까요?

저는 비록 하는 일이 평범하고 보잘것없으며 눈에 띄지 않더라도, 크게 칭찬받을 만한 공적을 세우지 않더라도, 자신이 할 수 있는 범위 안에서 성실하게 일하는 사람 역시 특별한 사람이라고 생각합니다. 하지만 세상은 사회적으로 알아줄 만한 큰 성과를 내고 명성을 얻은 사람을 특별하다고 해요.

이른바 '버블 세대'로 불리는 제 세대는 말 그대로 모두가 특별한 사람이 되려고 무리해서 애써왔습니다. 당시 남녀 정장에 어깨 패드가 달린 패션이 크게 유행했었는데요, 자신을 더 크게 보이고 싶어 하는 욕망의 상징 그 자체가 아닐까 싶어요.

라티나 어깨 패드에 그러한 의미가 담겨 있었군요? 단순히 멋 부린 것이 아니라.

야마자키 당시에는 그저 패션 유행으로 여겨졌을지도 모르지만, 무의식 속에는 아무래도 허세를 부리려는 마음이 반영된 게 아닐까요? 저는 버블 세대이면서도 버블 경제의 혜택을 받지 못하고 이탈리아에서 가난하게 살았습니다. 당시에 잠시 일본에 돌아오니 모두가 명품으로 치장하고 양손 가득 명품 쇼핑백을 들고 있었어요. 머리 모양도 액세서리도 지나치게 화려했고요. 그 광경이 이상하게 보였습니다. 겉모습은 화려하게 꾸몄지만, 그들의 집은 다다미 4장 반2평 남짓―옮긴이 정도로 좁은 경우가 많았습니다.

라티나 SNS는 오늘날의 어깨 패드네요.

야마자키 그런 셈이지요. 요즘 시대를 반영한 말로써 이 라틴어 문장을 골라 보았습니다.

라티나 고대 그리스어로 전해지던 이솝 이야기를 라틴어로 새롭게 쓴 파이드루스의 우화집에 나오는 교훈입니다.

야마자키 이솝 이야기에는 여러 동물이 나오는데, 이 문장은 개구리와 소 이야기에 나오지요.

라티나 맞습니다. 소를 흉내 낸 개구리 이야기입니다.

야마자키 엄마 개구리가 아이를 위해 소 흉내를 내며 점점 배를 부풀리다가 결국엔 배가 터져 죽게 된다는 이야기입니다. 요점은 자기 분수를 모른다는 것입니다. 역시 '특별한 사람'이 되는 것을 목표로 하는 교육이 개구리 같은 인간을 만드는 것 같습니다.

라티나 요즘에는 명품을 대여하는 서비스도 있습니다. 가난하지만, 고급 자동차로 허세를 부리는 사람도 있고요.

야마자키 집도 그렇습니다. 벼락부자가 큰 집을 짓고 싶어 하는 것은 허세 중에서도 가장 두드러진 예일지 모릅니다. 앱을 사용하여 주름을 지우는 등 보정한 사진으로 사진 속에서 실제보다 젊어 보이려 하는 것도 우화 속 개구리와 같은 행위라고 생각합니다.

진짜 어른의 조건

라티나　이어서 다뤄보고 싶은 문장은 *forsan et haec olim meminisse iuvabit* 이 또한 언젠가 즐거운 추억이 되리입니다. 베르길리우스의 《아이네이스》에 나오는 문장으로, 죽을 고비를 넘긴 동료들에게 주인공 아이네이스가 힘을 북돋아주려 건넨 말이죠.

　　이번에도 이와나미 문고에서 출간한 칠오조 번역을 소개하겠습니다. "허나 제군들이여 마음을 괴롭히는 두려움을 버려라, 언젠가 떠올리면 아마 이 일도 즐거운 추억이리."

　　나카지마 미유키 씨가 부른 노래 〈시대時代〉에는 "지금은 힘들어도 언젠가 즐거운 추억과 기쁨이 될 거야"라는 가사가 있습니다. 베르길리우스와 나카지마 미유키 씨 사이에는 2000년 이상의 시간 차가 있지만, 말하고자 하는 바는 비슷합니다.

야마자키　베르길리우스는 젊은 시절 에피쿠로스 철학의 영향을 받은 것으로 알려져 있습니다. 심취했던 것은 아니지만, 그래도 이러한 낙관적 구원을 받아들인 격언에서 에피쿠로스학파다운 마음가짐이 느껴집니다. 괴로움과 슬픔을 살아가는 힘으로 바꾸어간다는 말이 위로를 줍니다.

라티나 참고로 이 라틴어 문장에서 *meminisse*의 뜻은 '기억하다'인데, 메모리memory, 메모memo라는 단어의 어원입니다.

야마자키 그렇군요. 이 단어들 역시 우리 일상에 스며든 라틴어였네요.

◇◇◇

라티나 계속해서 《아이네이스》의 문장을 하나 더 소개하겠습니다. **_miseris succurrere disco_ 나는 불행한 사람들을 돕는 법을 배우고 있다.** 친절에 대한 말로, 《아이네이스》 제1권에서 볼 수 있습니다.

책 속에서 주인공 무리의 배가 폭풍을 만나 당초 목적지가 아닌 카르타고에 도착합니다. 구원의 손길을 내민 사람은 카르타고의 여왕 디도로, 이 문장은 디도 여왕의 대사입니다. 이와나미 문고의 칠오조 번역문은 "불행을 아는 만큼 불행한 자를 돕네, 이것을 배웠으니 잊지 않으리"라고 되어 있습니다.

슬프고 괴로운 일을 많이 겪어봐야 비로소 다른 이에게 연민을 가지고 따뜻하게 대할 수 있는 법이지요. 어떻게 타인을 도우며 살 수 있을지 생각하게 되는 문장입니다.

야마자키   전에 라티나 씨가 라틴어의 재미를 많은 사람에게 알림으로써 만족감을 느끼고 싶다고 하셨지요. 그 정신과 통하는 면이 있어서 이 문장을 골라주신 게 아닐까 싶었습니다.

이 말에는 베르길리우스의 섬세한 인품도 드러납니다. 그의 작품에는 야유나 험담은 보이지 않고, 이타적이며 배려하는 말이 많습니다. 이는 베르길리우스 자신이 상처받고 속상한 감정을 겪어봤기 때문일지도 모릅니다.

고대 그리스 시대의 철학자 플라톤은 "모두에게 친절하라. 당신이 만나는 그 사람도 자기만의 힘든 전투를 하고 있으니"라고 말했습니다. 플라톤은 베르길리우스보다 약 300년 전에 그리스에서 살았던 인물입니다. 이러한 이타 정신이 시간과 공간을 넘어 로마에도 이어지고 있었다니, 왠지 기쁘네요.

고대 로마라고 하면 콜로세움에서 벌어지는 잔혹한 싸움이나 애증이 얽힌 드라마 같은 이미지가 먼저 떠오르기 쉽지만, 베르길리우스의 말에서 알 수 있듯이 다른 사람을 생각하는 사회이기도 했습니다.

라티나 야마자키 씨가 다른 사람들에게 도움받으신 경험도 듣고 싶습니다.

야마자키 어렸을 때부터 늘 많은 분께 도움을 받으며 살아왔습니다. 밤늦도록 혼자 집을 봐야 했던 어린 시절의 저를 도와준 이웃과 학교 선생님들, 그리고 이탈리아에서 어려움을 겪을 때마다 손 내밀어 주셨던 수많은 분 덕분에 지금의 제가 있습니다. 지금까지 인연을 이어가는 사람도 있고 그렇지 못한 사람도 있지만, 힘든 순간마다 저에게 도움의 손길을 건네주신 모든 분께 감사한 마음은 말로 이루 다 표현할 수 없습니다.

라티나 씨는 어떠신가요? 큰 도움을 받았다고 느낀 경험이 있으세요?

라티나 글쎄요……. 저는 인간관계가 그리 넓은 편이 아니어서요.

야마자키 혹시 앞으로 어려운 일을 겪게 된다면, 그때는 느끼게 되실지도 모릅니다. 내가 큰 도움을 받았던 만큼 다른 사람을 도와주고 싶은 마음을요.

제6장

흔들리는 마음을
다잡아야 할 때

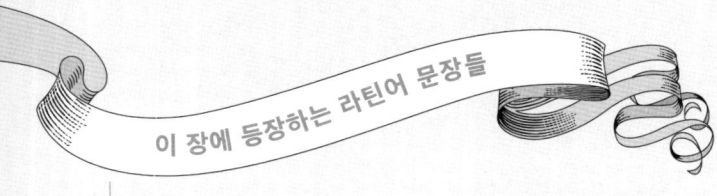

- ***festina lente***
  페:스티나 렌테

  천천히 서두르라

- ***fluctuat nec mergitur***
  플룩투아트 네크 메르기투르

  파도에 흔들릴지라도 가라앉지 않는다

- ***iacta alea est***
  이악타 알레아 에스트

  주사위는 던져졌다

라티나   이번에는 분위기를 바꾸어서 유명한 황제나 정치인, 다시 말해 위정자들의 말에 주목하고 싶습니다. 한 시대를 호령했던 인물들은 어떤 생각을 했고, 어떤 말을 남겼을까요?

◦ 모순 같지만 진리인 것

라티나   가장 먼저 살펴볼 문장은 ***festina lente*** 천천히 서두르라입니다.

야마자키   아우구스투스가 신조로 삼은 말이지요.

라티나   그렇습니다. 그의 일대기를 그린 작품에 따르면, 아우구스투스는 그리스어 σπεῦδε βραδέως를 모토로 삼았고, 이를 라틴어로 번역한 것이 *festina lente*입니다. 후세에는 이 라틴어 문구가 더 널리 퍼졌습니다.

　이 문장은 서두르기만 할 게 아니라 서두르면서도 침착하라는 뜻입니다. 자영업에 종사해온 친구가 말하길, 주문이 몰려 계산대가 혼잡할 때일수록 천천히 행동한다고 합니다. 바쁘다고 서두르면 오히려 실수하게 된다고요. 일상에서 진정으로 festina lente를 적용한 사례라고 할 수 있겠네요.

야마자키 이 말이 국정을 운영하고 군사를 지휘하는 황제의 모토라니, 당시 로마가 얼마나 분주했는지 느껴지네요.

    *festina lente*는 오늘날에도 많은 유명인이 좌우명으로 삼고 있습니다. 아까 로마의 여러 기념품 가게에 *carpe diem*, '오늘을 즐겨라' 마그넷이 있다고 얘기했는데, *in vino veritas*, '술에 진실이 있다'와 함께 *festina lente* 마그넷도 인기 품목에 올라 있습니다. 그만큼 세계적으로 인지도 높은 격언이라는 뜻이겠지요.

    제가 좋아하는 작가 가이코 다케시가 남긴 유명한 말 중에 "유유히 서두르라"가 있습니다. 아마 이 라틴어 격언을 인용한 것 같습니다. 작가를 포함하여 마감에 쫓기는 사람들은 당연히 서둘러서 작업해야 하겠지만, 그렇다고 조바심을 내면 좋은 결과를 낼 수 없습니다. 바쁠 때일수록 이 말을 떠올려야 해요. 가이코 다케시 씨도 그러셨던 것 같습니다.

라티나 야마자키 씨도 마감에 쫓길 때 *festina lente*를 떠올리시나요?

야마자키 매일 생각합니다. 하하. 마감에 쫓길 때는 이 말을 굳이 떠올리지 않아도 일단 물리적인 시간의 흐름에서 머리를 떼어내려고 하지요. 이야기가 조금 옆으로 새는데, 수많은 명작을 남긴 다니구치 지로˚ 씨가 살아 계실 때 그분과 친하게 지냈습니다. 제가 업계에서 분쟁에 휘말려 만화를 그리고 싶은 마음이 완전히 사그라진 적이 있어요. 그만두고 싶어서 다니구치 씨를 찾아가 조언을 구했습니다. 프랑스에서 '만화의 신'으로 불리며 현지 출판사를 통해 책을 여러 권 출간하신 분이라, 저도 일본 출판사와 연을 끊고 이탈리아나 프랑스

˚ 1971년에 데뷔한 만화가. 《「도련님」의 시대》(세키카와 나쓰오 글), 《고독한 미식가》(구스미 마사유키 원작), 《신들의 봉우리》(유메마쿠라 바쿠 원작) 등의 작품을 남겼다. 2011년에는 프랑스 정부로부터 문화예술공로훈장 슈발리에를 받았다.

에서 책을 내는 건 어떨지 여쭤봤어요. 그랬더니 "그건 좋은 생각이 아니다"라고 단도직입적으로 조언해 주셨습니다. 그리고 제게 일본에서 일하며 마감일을 지키느라고 좋은 만화를 그릴 수 있는 거라고 말씀해 주셨어요.

프랑스나 이탈리아에서는 연재 형식으로 만화를 그리지 않습니다. 보통 만화책 한 권을 그리는 데 1년에서 길게는 몇 년까지 시간이 걸리죠. 일본처럼 대량으로 생산해서 출간하는 문화가 없고요. 대중문화라기보다는 예술 작품에 가까운 대접을 받지요. 저는 원래 유화를 그리던 사람이라 그쪽이 맞지 않을까 생각했는데, 다니구치 씨는 초조함에서 얻을 수 있는 집중력이 있다고 말씀하셨어요. 그 말을 듣는 순간 *festina lente*가 떠올랐습니다.

지금의 이탈리아인에게 이 말은 통하지 않을 수도 있어요. 우리 가족만 봐도 *festina*, 즉 '서두르라'는 그다지 중요하지 않은 듯 살고 있으니까요. 여러 연재 마감에 시달려 지쳐 있을 때, 그렇게 서두르면 좋은 작품이 나올 리 없다며 핀잔을 들은 적도 있습니다. 현대 이탈리아인과 고대 로마인의 사고방식이 다르다는 걸 잘 알 수 있죠. 마감일을 지키면서도 장인처럼 세세한 부분까지 신경 써서 좋은 것을 만들려 했던 고대 로마인들의 기질은 오히려 일본인들의 장인 정신과 닮아 있습니다.

라티나 독자분들을 위해서 아우구스투스에 대해 보충 설명을 하자면, 그는 로마 제국의 초대 황제입니다. 삼두정치에서 정적인 마르쿠스 안토니우스를 물리치고 로마를 제정으로 이행한 인물이에요. 아우구스투스는 자신을 황제가 아닌 프링켑스*Princeps*, 즉 '(시민의) 제1인자'라고 표현했습니다.

야마자키 *festina lente*는 수완 좋고 현명하며 지극히 전략적이었던 아우구스투스와 어울리는 말입니다.

○ 마음의 균형을 유지하는 법

라티나 가이코 다케시 씨가 자주 사용하던 말 중에 "표류하지만 가라앉지 않는다"도 있었다고 합니다.

이 말은 프랑스 파리시의 공식 모토인 ***fluctuat nec mergitur** 파도에 흔들릴지라도 가라앉지 않는다*와 비슷합니다.

야마자키   가이코 다케시 씨는 격언 인용을 매우 좋아하는 분이었군요. 아쿠타가와상을 수상하여 전업 작가의 길로 들어서기 이전에 카피라이터로 활동했었다는 점을 떠올리면 고개가 끄덕여집니다. 거센 파도 탓에 방향타를 잡기는 힘들지만 침몰하지는 않는다는 이 말에는 강인한 생명력이 느껴집니다. 파리와 잘 어울리는 이 멋진 모토는 어디에서 유래했나요?

라티나   여러 가지 설이 있는데, 그중에 중세 시대 교황이 처음 쓴 라틴어 문장이라는 설이 유력합니다. 신성 로마 제국의 프리드리히 이세*가 가톨릭 국가와 전쟁 중일 때, 당시 교황은 '가톨릭이라는 배를 공격해도 소용없다. 흔들릴지라도 그 배는 절대

---

* 1198년 시칠리아 왕으로 즉위하였으며, 1220년부터 1250년까지 신성 로마 제국 황제를 지냈다. 이탈리아와 시칠리아를 통합하고자 했으나, 로마 교황청과 대립했다.

가라앉지 않을 테니까'라는 의미로 이 문구를 사용했다고 합니다. 이 말이 파리의 모토가 된 것으로 보입니다.

야마자키 역사의 숨결이 느껴지는 훌륭한 말입니다.

라티나 야마자키 씨가 살고 있는 이탈리아의 도시 역시 유럽 역사의 거친 파도 속에서도 굳건히 존속해 온 유서 깊은 도시지요.

야마자키 고대 로마는 건국 이래 1000년 동안 역사에 남을 만한 전쟁이 수없이 일어났고 온갖 격동을 견뎌낸 국가입니다. 마지막엔 결국 가라앉았지만요. 그러한 고대 로마의 운명을 생각하면 이전에 다뤘던 *dum vivimus vivamus*, '살아 있는 동안엔 살아가자'라는 말도 다시금 떠올려보게 됩니다.

대담한 선택의 힘

라티나 다음으로 다뤄볼 말은 ***iacta alea est*** 주사위는 던져졌다입니다. '주사위를 던져라'라는 명령형의 그리스어 표현에서 유래했다고 알려져 있으며, 이를 카이사르가 인용한 것입니다. 루비콘강*을 건너 로마를 상대로 반란을 일으킨다, 다시 말해 원로원을 거스르겠다는 결단을 내리며 한 말입니다.

야마자키 고대 로마 역사를 이야기할 때 빼놓을 수 없는 유명한 말이자 유명한 장면이지요. 주사위는 던져졌다라는 말 자체의 함의보다 카이사르가 단행한 행동이 중요하다고 할 수 있습니다.

라티나 돌이킬 수 없는 결단입니다.

야마자키 선을 넘었다는 거죠.

라티나 영어로도 cross the Rubicon이라는 표현은 '되돌릴 수 없는 결단을 내리다'라는 의미입니다. 야마자키 씨의 이탈리아행이야말로 되돌릴 수 없는 결

---

* 이탈리아 북부 리미니 부근에서 아드리아해로 흘러드는 작은 강. 카이사르가 건널 당시, 본토와 속주를 가르는 경계선이었다.

단이었을 것 같은데, 어떠셨나요?

야마자키 정말 주사위가 던져진 느낌이었습니다. 편도 항공권이었기 때문에 비행기를 타는 순간부터 '이제 쉽게 일본으로 돌아갈 수 없겠구나'라는 생각이 들었습니다. 이탈리아에 도착하고 처음에는 문화 차이로 정말 힘들었어요. 그렇다고 '역시 안 되겠어'라며 일본으로 돌아간들 후회에 시달릴 것 같았고요. 되돌릴 수 없으니 받아들여야 했습니다.

누구에게나 한 번쯤은 선을 넘는 순간이 필요하다고 생각해요. 그런 결심이 있어야 펼쳐지는 것들이 있으니까요. 라티나 씨도 그런 경험 있지 않으세요?

라티나 저는 요즘인 것 같습니다. 지금은 회사에 다니고 있지만, 조만간 그만두고 라티나 씨라는 이름으로 한 가지 일에 전념하려고 합니다. 직장인의 안정을 내려놓는 거죠. 루비콘강이 다가왔습니다.

야마자키 대단하세요. 라티나 씨의 절박한 심정이 전해집니다. 루비콘강을 건너는 순간, 더는 익숙한 환경에 머물며 안주할 수 없다는 사실을 깨닫고 자신의 선택에 책임감을 느끼게 됩니다. 인간이 성숙해지는 데 꼭 필요한 마음가짐이죠. 카이사르의 이 말이 역사 속에 남아 오늘날까지 입에 오르내리는 까닭은 선을 넘는 데 필요한 용기와 그 선을 넘어야만 했던 필연성에 시대를 초월한 공감이 있었기 때문일 겁니다.

라티나   제 첫 책 《세계는 라틴어로 가득하다》를 발표한 후 라티나 씨로서 살아가겠다는 생각이 강해지면서 제 얼굴을 미디어에 공개하기로 결심했습니다. 책이 나오기 전까지는 얼굴을 드러내지 않겠다고 생각했는데, 얼굴을 공개하는 편이 사람들에게 라틴어를 더 제대로 알릴 수 있겠다는 생각이 들었습니다. 얼굴 공개를 원하는 미디어가 많기도 했고요. 그래서 결국 공개하기로 했죠. 저에게는 정말 큰 결단이었고 두렵기도 했지만, 지금은 잘했다고 생각합니다. 확실히 독자분들도 관심을 보여주셨고, 덕분에 여러 매체에서 불러주셨어요.

야마자키   일단 주사위를 던지면 다음 단계로 넘어가게 되는데, 거기에는 충족감도 따르지요.

라티나   그렇습니다. 이제는 앞으로도 계속 라티나 씨로 살아가야 한다는 마음이 더 강해졌습니다.

야마자키   라티나 씨의 성숙을 위해서도 분명 좋은 결단이 있을 거예요. *miseris succurere disco*, '나는 불행한 사람들을 돕는 법을 배우고 있다'라는 격언 앞에서는 크게 공감하지 못했던 라티나 씨도, 이제 루비콘강을 건너면 누군가에게 도움받는 경험이 점점 늘어날 겁니다. 직접 마주하는 사람뿐 아니라 격언을 통해 역사 속 인물들에게도 위로받겠지요. 하지만 이미 이렇게 많은 격언을 알고 있는 라티나 씨라면 걱정하지 않아도 될 듯하네요. 앞날이 기대됩니다.

제7장

소란 속에서도
희망을 놓지 않고 싶을 때

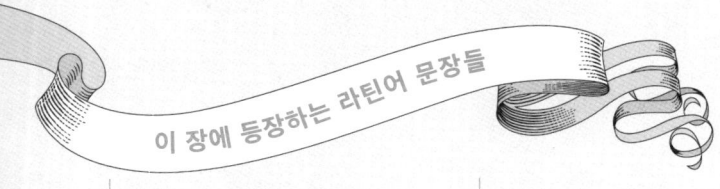
이 장에 등장하는 라틴어 문장들

- ***inter arma silent leges***
  인테르 아르마 실렌트 레게스
  무기들 속에서 법은 침묵한다

- ***quicquid delirant reges, plectuntur Achivi***
  퀴크퀴드 델리란트 레게스, 플렉툰투르 아키비
  왕들이 무슨 미친 짓을 저지르건, 벌을 받는 건 아카이아인들이다

- ***omne bellum sumi facile, ceterum aegerrime desinere***
  옴네 벨룸 수미 파킬레, 케테룸 아이게리메 데시네레
  전쟁을 시작하기는 쉽지만 끝내기는 극히 어렵다

- ***meilor tutiorque est certa pax, quam sperata Victoria***
  메이로르 투티오르퀘 에스트 케르타 팍스, 쾀 스페라타 빅토리아
  확실한 평화가 불확실한 승리보다 더 낫고 안전하다

- ***quid stultius quam ob causas nescio quas certamen eiusmodi suscipere, unde pars utraque semper plus aufert incommodi quam boni?***
  퀴드 스툴티우스 쾀 오브 카우사스 네스키오 콰스 케르타멘 에이우스모디 수스키페레, 운데 파르스 우트라퀘 셈페르 플루스 아우페르트 인콤모디 쾀 보니?
  이유도 모른 채 이익보다 손해가 큰 이러한 싸움을 시작하는 것보다 더 어리석은 일이 어디 있겠는가?

- ***libenter homines id quod volunt credunt***
  리벤테르 호미네스 이드 퀴드 볼룬트 크레둔트
  인간은 자신이 믿고 싶은 것을 기꺼이 믿는다

- ***bonis nocet qui malis parcit***
  보니스 노케트 퀴 말리스 파르키트
  악인에게 관대하면 선인에게 해가 된다

- ***fama, malum qua non aliud velocius ullum***
  파마, 말룸 콰 논 알리우드 벨로키우스 울룸

  소문, 이보다 빠른 악은 없다

- ***panem et circenses***
  파넴 에트 키르켄세스

  빵과 서커스

- ***latet anguis in herba***
  라테트 앙구이스 인 헤르바

  풀 속에 뱀이 숨어 있다

- ***quis custodiet ipsos custodes?***
  퀴스 쿠스토디에트 입소스 쿠스토데스?

  감시인은 누가 감시할 것인가?

- ***tum denique homines nostra intellegimus bona, quom quae in potestate habuimus ea amisimus***
  툼 데니퀘 호미네스 노스트라 인텔레기무스 보나, 쿠옴 콰에 인 포테스타테 하부이무스 에아 아미시무스

  우리 인간은 가지고 있던 것을 잃고 나서야 비로소 그 소중함을 깨닫는다

- ***mendacem memorem esse oportet***
  멘다켐 메모렘 에쎄 오포르테트

  거짓말쟁이는
  기억력이 좋아야 한다

- ***haud parva res sub titulo prima specie minime atroci ferebatur***
  하우드 파르바 레스 수브 티툴로 프리마 스페키에 미니메 아트로키 페레바투르

  결코 사소하지 않은 일이 겉보기엔 평화롭게 발의되었다

- ***historia vitae magistra***
  히스토리아 비타이 마기스트라

  역사는 인생의 스승

라티나 지금까지 한 사람의 인생에 영향을 주는 말들을 살펴보았다면, 이제부터는 지구인 모두에게 영향을 주는 전쟁을 주제로 한 라틴어 문장들을 다루고자 합니다. 세계정세 등 시사 문제와 연결되는 라틴어 격언입니다. 전쟁과 같은 악에 어떻게 대처하고 폭력을 어떻게 경계하며 살아갈 것인가에 관한 담론으로도 이어보고자 합니다.

전쟁을 끝내는 방법

라티나 처음 다룰 문장은 *inter arma silent leges* **무기들 속에서 법은 침묵한다**입니다. 키케로가 살인을 저지른 밀로라는 인물을 변호하며 재판에서 한 말입니다.

원래의 문맥을 살펴보면 다음과 같습니다. "누군가 자신을 죽이려 한다면 상대를 죽여서라도 자신을 지킨다. 이는 당연한 일이다. 그러니 정당방위라면 법과 상관없이 상대를 죽여도 좋다." 그러나 지금은 '전쟁 중에는 법이 무시되고 무슨 일이든 벌어질 수 있다'라는 해석으로 널리 알려져 있지요. 정당방위에 관한 문장이 전쟁을 비판하는 데 사용되고 있습니다.

야마자키 저도 후자의 의미로 이 말을 골랐습니다. 이스라엘과 팔레스타인, 그리고 러시아와 우크라이나 전쟁을 떠올려보면, 오늘날에도 법은 그다지 효력을 발휘하지 못하고 있습니다. 무기는 거대한 이익만을 향해 움직이기 때문에 법은 거기에 복종하게 되죠.

라티나 정당방위에 관한 이야기로 파악해도 지금 시대와 연결되는 부분이 있습니다. 정당방위가 무력행사의 명분이 되는 경우도 있습니다.

야마자키 스스로 정의롭고 옳다고 믿는 세력은 침략도 정당방위라고 여긴다는 말씀이시죠?

라티나 그렇습니다. 미국이 대량살상무기의 존재를 명분으로 내세워 이라크를 침공한 것처럼요.

야마자키 이 격언이 다른 명언들과 함께 20세기 이상 전해져온 배경에는 폭력을 저질러야만 직성이 풀리는 인간의 본성이 있음을 깊이 깨닫습니다.

◇◇◇

라티나 다음으로는 이 문장에 관해 이야기해보고 싶습니다. *quicquid delirant reges, plectuntur Achivi* 왕들이 무슨 미친 짓을 저지르건, 벌을 받는 건 아카이아인들이다. 이는 호라티우스가 《서간시》에 남긴 구절로, 고대 그리스 서사시 《일리아스》에 나오는 미케네의 왕 아가멤논과 아폴론의 갈등 이야기처럼 지도자의 잘못된 판단 때문에 무고한 백성들이 피해를 입는 상황을 표현한 말입니다.

야마자키 아가멤논이 아폴론의 분노를 사고, 그 대가는 병사들이 치르지요. 지금도 여러 상황에서 사용할 수 있는 말입니다.

라티나 그렇습니다. 전쟁을 예로 들면, 지위 높은 군인이나 위정자들은 전쟁에 참여하더라도 다치지 않습니다. 전쟁을 일으키거나 격화시키는 것은 그들이지만 막상 전쟁이 벌어지면 다치고 죽는 건 지위 낮은 병사들입니다. 백성들의 삶도 힘들어질 수밖에 없고요.

야마자키 과거는 물론 현대에도 마찬가지입니다. 인간이란 존재는 학습할 수 없는, 아니면 애초에 학습을 바라지 않는 생물이 아닐까 싶습니다.

라티나 ***omne bellum sumi facile, ceterum aegerrime desinere*** 전쟁을 시작하기는 쉽지만 끝내기는 극히 어렵다는 로마 역사가 살루스티우스의 《유구르타 전쟁 Bellum Iugurthinum》*에 나오는 문장인데, 오늘날에도 적용되는 말입니다.

야마자키 예를 들어 여전히 중동에서 벌어지고 있는 분쟁의 동기와 계기는 대체로 고대 시대로부터 거의 변하지 않았어요.

라티나 사실 전쟁과 관련된 책이나 영화를 보다 보면 '용감하다', '흥미진진하다' 싶은 면이 있기도 합니

◆ 기원전 111년부터 기원전 105년까지 로마와 북아프리카의 누미디아 왕국 사이에서 벌어진 전쟁을 살루스티우스가 기록한 역사서. 누미디아의 왕 유구르타가 로마에 반기를 들며 전쟁이 벌어졌다.

다. 한 일화로 예를 들면 카이사르의 부하인 크라스티누스는 전투를 앞두고 이렇게 말했어요. "카이사르여, 오늘 내가 살든 죽든 당신은 나에게 고마워할 것입니다." 전쟁의 낭만이 느껴지기도 하는 장면이죠. 하지만, 결국 인간은 무엇보다도 평화를 갈망하는 존재입니다.

야마자키 라티나 씨가 *meilor tutiorque est certa pax, quam sperata Victoria* **확실한 평화가 불확실한 승리보다 더 낫고 안전하다**라는 격언을 고르셨는데, 평화와 안녕을 바라는 마음이 당시 사람들에게도 있었다는 사실을 알 수 있습니다.

라티나 《유구르타 전쟁》에는 전쟁을 시작하는 사람과 끝내는 사람이 동일 인물이 아니라고 쓰여 있습니다. 전쟁을 시작하는 것은 어떤 겁쟁이라도 할 수 있지만, 끝내는 것은 이기는 쪽에서 멈추고자 할 때만 가능합니다. 전쟁을 끝낼 때는 일으킨 사람만이 아닌, 또 다른 사람이 필요하다는 걸 시사합니다.

야마자키 승리가 확실해질 때까지 전쟁은 끝나지 않는다는 뜻이네요. 복잡하게 전개되는 전쟁의 실태를 생생하게 보여주는 말입니다.

라티나 확실한 평화가 불확실한 승리보다 더 낫고 안전하다는 이 문장은 고대 로마 역사가 리비우스의 역작 《로마사》에 나오는 것으로, 당시 전쟁을 원하지 않았던 한니발이 로마를 설득하기 위해 했던 연설에서 나온 말입니다.

야마자키 애초에 평화란 무엇일지 생각해보게 됩니다. 그것은 승패의 결과로 얻어지는 것이 아니라, 인간의 지성과 관용을 통해 얻을 수 있는 것일지도 모릅니다.

◇◇◇

야마자키 고대부터 현대에 이르기까지 우리는 늘 전쟁의 시대를 살아왔습니다. 한때 제가 살았던 시리아나 자주 방문했던 레바논이 폭격으로 처참히 무너져내린 영상을 보면, 전쟁을 직접 겪지 않은 저도 제 추억이 산산이 부서지는 것 같아 참기 어려울 만큼 괴롭습니다.

    이토록 전쟁을 비난하고 평화를 바라는 많은 격언이 많이 전해져 오는데도 인간은 여전히 폭력을 저지르고 있습니다. 그렇게 생각하면, 이러한 격언들은 문제를 해결하기 위한 조언이라기보다 인간이 살아가는 방식을 짧게 요약한 관찰 기록이라고도 볼 수 있겠지요.

라티나   우리가 할 수 있는 일은 다음 세대에게 전쟁이 얼마나 덧없는 것인지 가르치고 앞으로 전쟁을 일으키지 않도록 하는 것입니다. 이러한 역사를 반복하지 않기 위해서는 교육이 중요합니다.

야마자키   무조건 자신들의 정의나 신앙을 정당화하고 상대방도 이에 동의하도록 만들려는 것이 전쟁의 이유라면, 애초에 '정의'란 무엇인지 그 의미를 더 곱씹어봐야 할 것 같아요. 국가, 지역, 역사, 종교가 달라지면 정의라고 여겨지는 것도 당연히 달라집니다. 정의의 개념은 전 세계 사람들이 똑같이 인식하고 해석할 수 있는 말이 아니라는 뜻입니다.

라티나 정당방위의 '정당'도 마찬가지입니다.

야마자키 '정의'도 '정당'도 사실은 시대와 장소에 따라서 얼마든지 변하는 무척 모호한 개념이지요.

○ 다듬을 인정하는 지혜

야마자키 라티나 씨가 고른 *quid stultius quam ob causas nescio quas certamen eiusmodi suscipere, unde pars utraque semper plus aufert incommodi quam boni?* 이유도 모른 채 이익보다 손해가 큰 이러한 싸움을 시작하는 것보다 더 어리석은 일이 어디 있겠는가? 이 문장은 정말 요즘 신문 사설에 나올 법하지 않나요?

라티나 그렇네요. 16세기 유럽 인문학의 선구자 에라스무스의 대표작인 《우신예찬》에 나오는 말입니다. 어리석음을 여신으로 형상화하여 교회와 왕족 및 귀족을 풍자한 작품으로, 1511년 출간되어 16세기를 대표하는 베스트셀러가 된 책이죠.

15~16세기의 르네상스 시대를 살았던 에라스

무스는 라틴어로 글을 쓰고 유럽의 여러 문인과 편지를 주고받거나 직접 만나 라틴어로 대화를 나누었으며, 대학에서 라틴어로 강의하기도 했습니다. 이처럼 라틴어는 고대 로마에서 끝난 것이 아니라 오랜 세월에 걸쳐 계속 사용되었습니다. 이 점 역시 덧붙여 소개하고 싶어서 이 문장을 골랐습니다.

인문학자였던 에라스무스는 평화주의자였고 《평화의 탄식 Querela pacis》이라는 글도 썼습니다. 평화의 신이 연설하는 형식으로 쓴 글입니다. 에라스무스가 살았던 시대에도 유럽 각지에서 전쟁이 일어났습니다. 가톨릭과 개신교의 종교 전쟁이 시작된 시기이기도 하고요.

야마자키   종교 전쟁과 소규모 국가 간의 대립이 일상적이고 흔했던 시절이죠. 당시 사람들은 폭력과 평화에 관해 참 많은 생각을 했을 거예요.

라티나   전쟁의 승패는 물론 승전국이 치러야 했던 대가도 수없이 봤겠지요. 에라스무스의 말처럼 이긴 쪽에서조차 고통받았던 일이 역사상 무척 많았습니다.

야마자키 전쟁이 시작되면 목숨을 잃는 사람들이 무조건 생깁니다. 이기든 지든 잃은 것에 대한 슬픔과 괴로움이 반드시 뒤따르기 마련이죠. 서로 의견이 달라서 그렇게 화가 난다면, 다들 폭력이 정말 최선의 일인지 생각해본다면 좋겠습니다. 더 평화롭게 갈등을 해결할 방법이 분명 있을 테니까요.

○ 현명한 거리 두기

라티나 카이사르의 격언 중 ***libenter homines id quod volunt credunt*** 인간은 자신이 믿고 싶은 것을 기꺼이 믿는다는 잘 알려진 말입니다. 고대 그리스의 정치가이자 웅변가였던 데모스테네스도 같은 말을 남겼습니다.

야마자키 20세기가 지난 지금까지도 여전히 통용되는 말이 또 나왔네요. 듣고 싶은 말만 듣고, 나에게 불리한 말은 듣기 싫어 하는 현대 인간 사회의 실태를 적

나라하게 보여주는 말입니다.

라티나 요즘에는 이러한 현상이 한층 심해지고 있습니다. 예를 들면 인터넷에서는 알고리즘에 따라 각각의 사용자가 관심 있는 것만 표시되지요.

야마자키 보고 싶은 것, 보고 싶지 않은 것을 자신이 아닌 다른 무언가가 결정하는 실태지요. 이대로 가다가 인간은 결국 인내심도 지구력도 없는 극도로 연약한 존재가 되는 것 아닐까 두렵습니다. 마음에 들든 들지 않든 다양한 가치가 뒤섞인 사회 속에서 살아가야 한다고 인식하는 능력, 그리고 스스로 판단하고 생각하는 능력을 제발 빼앗기지 않았으면 좋겠습니다.

라티나 오늘날에는 자신의 의견을 말하더라도 찬성할 사람에게만 말하고, 예상대로 지지를 얻으면 그것으로 만족합니다. 의견이 다른 사람의 말은 들으려 하지 않는다는 문제가 있어요.

야마자키 조금 전에 얘기한 '정의'와 '정당'의 개념도 결국은 자기중심적인 착각에 지나지 않습니다. 이런 착각에 빠지면 자기 생각과 다른 사고방식은 아예 차단하고 받아들이지 못하게 됩니다. 이 말은 바로 그러한 경향에 대한 경고입니다.

라티나 생각이 다른 사람의 말에도 귀 기울이는 태도야말로 전쟁이라는 비상사태를 해결하는 차원을 넘어 일상적인 사회 갈등의 양극화를 막고 문제를 평화롭게 해결하기 위한 중요한 자세라고 생각합니다.

야마자키 카이사르는 많은 사람과 관계를 맺고 대군을 이끌었던 인물인 만큼 인간의 심리를 잘 이해하고 있었던 것 같아요.

라티나 소개한 격언은 《갈리아 전쟁기》에서 인용한 문장인데, 카이사르는 다른 글에서도 비슷한 이야기를 했습니다. 인간이란 자신이 원하는 것을 추구하고, 타인도 자신과 같기를 바라는 존재라고요.

야마자키 이런 통찰력 있는 말을 할 수 있는 사람이었으니,

빚더미에 앉아 귀부인들과 염문을 일으키면서도 사람들 마음을 사로잡았겠지요.

라티나 제가 참 잘했다고 생각하는 것 중 하나가 대학생이 되고서 토론 동아리에 들어간 일입니다. 어떤 주제를 두고 찬성과 반대로 나누어 토론하곤 했는데, 찬성 측이 될지 반대 측이 될지는 순전히 제비뽑기로 결정했습니다. 제 의견과 다른 상황에 놓이는 경우도 많았어요. 내 생각과 다른 의견을 대표하고 대변하며 관점을 지키고 논의하는 경험을 통해 카이사르가 말한 심리에 빠지지 않을 수 있었습니다.

야마자키 어느 쪽이 옳은지 그른지 따지기보다, 일단 대립하는 사람과 소통하며 나와 다른 의견을 이해해 보려는 의지를 가지고 노력하는 마음을 잃지 않는 것이 중요하다고 생각합니다.

◇◇◇

라티나 이번에 소개하고 싶은 문장은 ***bonis nocet qui malis parcit*** 악인에게 관대하면 선인에게 해가 된다입니다.

야마자키　세네카의 말인가요?

라티나　확실하지는 않지만, 그렇게 전해지고 있습니다. 범죄자를 우상화하거나 악인의 악행을 대수롭지 않게 여기면 결국 성실하게 살아온 사람이 피해를 보고 맙니다. 특히 미디어에서 범죄자를 긍정적으로 그리거나 동정적으로 보도하면 공감하는 사람이 생기기 마련이죠.

야마자키　악인과 선인을 뚜렷이 나누기가 어려울 때도 있습니다. 사상만 달라도 악인으로 여겨질 때가 있고, 의적으로 여겨지는 이들도 있으니까요. 한편, 극악한 범죄자의 편이 되려면 상당한 신앙심이나 집착 같은 게 필요한 법이라 그런 사람은 많지 않을 것 같다는 생각도 듭니다.

라티나　심각한 중범죄로 교도소에 오랜 기간 수감 중인 재소자에게 팬레터가 오는 경우가 있다고 합니다. 놀라운 일이죠.

야마자키　그렇군요. 가까운 예를 들면, 이탈리아계 마피아

조직 가문의 이야기를 다룬 〈대부〉를 인생 영화로 꼽는 사람이 많잖아요? 저 역시 〈대부〉나 일본 야쿠자 영화를 너무 좋아해서 푹 빠져서 보곤 합니다.

그런데 고대 로마에서는 흉악범이라도 돈만 내면 풀려날 수 있지 않았을까요?

라티나 음, 그러게요. 용서받는 일도 있었을 겁니다.

야마자키 어쨌든 고대 로마의 치안은 상당히 안 좋았을 거예요. 지금과는 비교가 안 될 정도로요.

라티나 그런 상황이더라도 범죄자를 지나치게 관대한 눈으로 바라보지 말자는 뜻에서 나온 말이겠지요.

○ 진실과 거짓을 구별하는 눈

라티나 다음으로 살펴볼 말은 ***fama, malum qua non aliud velocius ullum*** **소문, 이보다 빠른 악은 없다**입니다. 참고로 *velocius*는 *velox*, 즉 '빠르다'의 비교급입니다.

야마자키 일본의 프렌차이즈 카페 중에 '카페 벨로체'라는 곳이 있지요. 가게 이름의 *veloce*도 '빠르다'라는 뜻입니다. 이탈리아인 남편은 이 카페 이름을 보고 "카페인데 여유롭게 쉴 수 없을 것 같아서 왠지 들어가기 어려워"라고 한 마디 툭 내뱉은 적이 있어요.

라티나 그러셨군요. 커피가 신속하게 나온다는 걸 표현한 이름이지요. 이번 격언은 이 책에서 여러 번 언급한 《아이네이스》의 문장입니다. 여왕 디도가 아이네이스에게 마음을 빼앗겨 국정 운영을 소홀히 한다는 소문이 카르타고인들 사이에 퍼졌고, 이 상황을 묘사한 말입니다.

야마자키 신빙성이 있느냐 없느냐와 관계없이 소문이라는 건 사람들의 관심을 끌어들이는 큰 에너지를 가지고 있으니까요.

라티나 그렇습니다. 일본에는 '불 없는 곳에 연기 나지 않는다'는 속담도 있지요. 실제로는 불 없는 곳에서 연기를 피우는 사람도 있습니다. 소문이란 그런 것이지요.

중학생 시절, 제가 시험 점수가 잘 나왔다고 다른 애들을 깔보고 다닌다는 소문이 돈 적 있어요. 어느 날 친구 한 명이 저에게 "잘난 척 좀 그만해"라고 말해서 이유를 묻다가 그런 소문이 퍼졌다는 걸 알게 됐죠. 아마 저보다 점수가 살짝 낮았던 친구가 그렇게 말하고 다녔던 것 같습니다.

야마자키 소문을 퍼뜨려서 보이지 않게 공격한다는 건 정말 비인간적이고 교활한 행동입니다. 소문이라는 공격을 받은 당사자는 때로 마음이 무너져 삶의 의욕을 잃고 피폐해지도 하니까요. 사실인지 아닌지 모호한 연예 가십 기사도 사람들의 호기심을 자극하고는 아무런 책임도 지지 않습니다. 요즘에는 신문이나 텔레비전의 정보조차 믿기 어려운 경우도 있지요. 이러한 매체뿐 아니라 사람들이 수군대는 말은 번거롭더라도 일단 진실인지 의구심을 품어야 한다고 생각합니다.

라티나 당장은 믿는 편이 더 효율적일 수도 있지만, 결국 잘못된 정보를 믿어서 고생하는 건 자기 자신입니다. 예를 들어 석유 파동 때 있었던 일본의 화장지 사재기 사례처럼요.

야마자키 맞습니다. 코로나19 시기에도 여러 일들이 있었습니다. 혼란한 상황일수록 소문이 쏟아지죠. 사실 여부와 상관없이 소문을 믿어버리면 남을 탓할 수 있으니까 편합니다. 믿었던 사람에게 배신당하면 배신한 사람이 나쁜 것이고, 소문에 휘둘리더라도 소문이 나쁜 것이 됩니다.

그런데 이탈리아에서는 배신당했다고 하면 "믿었던 네 잘못이다"라고 합니다. 믿기 전에 꼼꼼히 따져보지 못했으니 배신이나 실패의 책임은 본인이 져야 한다는 문화죠. 이는 이탈리아인뿐만 아니라 동유럽과 중동 등에서도 흔히 들을 수 있는 말입니다. 지중해 문명에서 길러진 정신이 계승되고 있는 것 같아요.

◇◇◇

야마자키 우리는 사람이 얼마나 조종당하기 쉬운 존재인지를 소문의 위력 너머로 확인할 수 있습니다. *panem et circenses* 빵과 서커스 역시 손쉽게 사람을 끌어모아 조종하는 수단입니다. 제2차 세계대전 후 사람들은 미국이 제공하는 다양한 문화를 적극적으로 받아들였습니다. 록이나 재즈 같은 음악, 영화, 햄버거와 피자 같은 음식 문화 등을 흡수했지요. 엔터테인먼트와 음식은 사람들에게 삶의 기쁨과 쾌락을 제공하는 콘텐츠이기 때문에 빠르게 받아들여졌습니다. 바로 이것이 빵과 서커스입니다.

고대 로마를 예를 들면, 요컨대 전쟁으로 정복한 속주에 콜로세움과 같은 오락 시설과 식량 공급망을 구축하여 현지인들을 기쁘게 하는 겁니다. 고대 로마식 영토 확장의 중요한 전략은 속주의 풍습, 습관, 신앙에는 간섭하지 않고 로마식 사상과 문화를 스며들게 하는 것입니다. 목욕탕도 바로 고대 로마에서 내건 중요한 외교 수단이었습니다. 오락과 쾌락을 제공하면 백성들은 매우 쉽게 조종당하고 맙니다.

라티나   곡물 무상 배급은 쉽게 생각해낼 수 있지만, 전차 경주와 같은 오락을 제공하는 것 역시 통치자의 중요한 과제로 주목했다는 점이 놀랍습니다.

야마자키　원형 극장에서 벌어졌던 검투 경기뿐 아니라, 반원 극장에서 상연되던 희극이나 비극 같은 연극 역시 통치 수단으로서 그 효과가 대단했습니다. 빵이 육체에 힘을 공급하듯, 서커스는 정신에 쾌락을 제공합니다. 올림픽을 보면 알 수 있듯이 스포츠 경기도 고대부터 민중을 움직이는 힘을 지닌 행사로 지금까지 이어져오고 있으니까요.

라티나　오락의 강력함은 아우구스티누스의 《고백록》에도 묘사되어 있습니다. 성실한 청년이 친구의 권유로 검투사 경기를 보러 갑니다. 처음에는 경기장에 가서도 '보지 말아야지, 보지 말아야지' 하며 눈을 감습니다. 하지만 관객들의 환호성과 열기에 한번 눈을 뜨자 그 순간 단번에 경기에 빠져들었고, 이후로는 경기장에 다니게 된다는 이야기입니다.

야마자키　결국 군중 심리에 휘말리게 된 거겠죠. 거대한 무리에 순응하고 소속됨으로써 안정감을 느끼는 거예요. 집단과 똑같은 가치관으로 똑같은 것을 즐기고 싶은 동조 심리이기도 하고요. 엔터테인먼트는 인기가 많아질수록 민중을 큰 덩어리로 만듭니다. 따라서 하나의 거대한 힘으로 결집하는 수단으로도 활용됩니다. 엔터테인먼트를 국책으로 삼는 나라도 있을 정도니까요. 정치적인 힘으로는 사람들의 마음을 움직일 수 없지만, 문화는 자각도 없이 사람들의 삶에 스며듭니다.

참고로, 서커스의 어원은 라틴어 *circus*로 '원형'이라는 뜻입니다. 이 단어가 원형 극장에서 유래했다는 사실을 모르는 사람이 많지요. 참고로 고대 사람들이 오늘날의 스포츠 경기장을 본다면 자기 시대의 건축물과 크게 다르지 않아서 깜짝 놀랄 겁니다. 도쿄 국립 경기장 앞을 지날 때마다 저도 모르게 현대판 콜로세움이라고 생각하니까요.

라티나 맞습니다. 경기나 오락을 통해 시민들이 정치에 관심을 두지 않도록 만드는 것입니다.

야마자키 그렇게 생각하면, 요즘 인터넷상에 떠도는 피상적인 정보들도 사람을 조종하는 엔터테인먼트의 한 종류일 거예요.

라티나   민영 방송 같은 경우 돈을 전혀 내지 않고 볼 수 있는 오락입니다.

야마자키   고대 로마 시대에도 국가가 콜로세움에서 벌이는 행사를 수상하게 여기거나 싫어하는 사람들이 있었습니다. 대 플리니우스도 그랬죠. 그런 사람들은 어디까지나 소수였지만요.

○ 평화로운 일상 속 함정

야마자키   경계하고 조심해야 한다는 걸 일깨워주는 말에는 ***latet anguis in herba* 풀 속에 뱀이 숨어 있다**라는 표현이 있습니다. 안전한 줄 알았던 장소를 걷다가 순식간에 뱀에게 물리는 경우가 있지요.

라티나   그렇습니다. 위험은 보이지 않는 곳에 존재합니다.

야마자키   현재 일본은 치안이 점점 나빠지고 있습니다. 이 말이 정확하게 들어맞는 상황이죠. 치안 이야기는 아니지만, 저는 오랫동안 외국에서 지내며 일본인이 다들 부지런하고 성실하며 내가 친절하게 대하면 상대방도 나에게 똑같이 친절할 거라고 생각했습니다. 그렇게 믿은 탓에 일본에서 주로 활동하기 시작하면서 뼈아픈 일을 여러 번 겪었죠. 친구라고 믿었던 사람이 저를 이용하고 있었다는 사실을 알았을 때 가장 충격이었습니다. 심지어 상대방은 이 일이 문제라는 생각조차 하지 않았어요. 이러한 상황에서도 사용할 수 있는 말입니다.

라티나   '풀 속'이 잘 보이지 않는 곳에 숨어 있다는 의미를 담고 있다면 길거리에서 벌어지곤 하는 수상한 권유가 바로 '뱀'일 수 있습니다. 사소한 설문조사에 협조해달라는 식으로 접근하는, 위험한 사람으로 가장한 권유 말입니다.

야마자키   그러한 상황도 이 비유의 사례가 될 수 있겠네요. 겉으로는 아무 문제 없어 보이는 사람도 속으로는 무슨 생각을 하고 있는지 모르니까요.

라티나   광고도 이 비유에 해당한다고 볼 수 있습니다. 합법적인 광고에도 주의 문구는 맨 아래에 아주 작은 글씨로 숨어 있지요.

야마자키   뱀은 전혀 예상치 못한 곳에 있기 마련입니다. 정작 뱀 자신도 이를 자각하지 못할 때가 있고요.

◇◇◇

라티나   *quis custodiet ipsos custodes?* 감시인은 누가 감시할 것인가?라는 말은 고대 로마의 풍자 시인 유베날리스가 쓴 시에 나오는 구절입니다. 16편으로 구성된 풍자시집이 그의 대표작이죠. 그런데 이 문장이 나온 맥락이 좀 의외입니다. 바람피우는 아내를 어떻게 바람 못 피우게 할지 고민하는 내용이에요. 아무리 지키는 사람을 세운들 아내는 그 사람마저 유혹할 거라면서요.

야마자키   개인적인 고통에서 생겨난 말이군요.

라티나   그렇습니다. 불륜에 대한 문구가 지금은 사회 질서와 치안을 지키기 위해 존재하는 기관들이 권력을 남용할 때 인용된다는 점이 재미있습니다.

야마자키   그야말로 믿음만으로는 살아갈 수 없다는 뜻이네요. 감시인을 믿지 못해서 그 감시인을 지키는 또 다른 감시인을 두어도, 그 사람은 또 누가 감시할지가 문제죠. 끝이 없습니다. 그만큼 사람이란 존재는 믿을 수 없다는 뜻이겠지요.

    그래서 세상에는 윤리를 담은 종교나 민간 신앙 같은 게 생기는 겁니다. 이러한 것들도 엔터테인먼트와 마찬가지로 눈에 보이지 않게 사람들의 정신을 통제하니까요. 저는 아들이 어릴 때 "나쁜 짓을 하면 바다 괴물이 나타나서 바다로 끌고 간다"라고 말한 적이 있어요. 그 얘기를 들은 아들은 문밖에 바다 괴물이 나타날까 봐 겁이 나서 매일매일 착한 아이가 되려고 노력했다더군요.

라티나   하늘이 지켜보고 있다는 말도 있잖아요. 하늘이야말로 우리의 마음을 지키는 진정한 감시인 아닐까요?

○ 평범함 속에 숨은 행복

라티나 이어서 로마 공화정 시대에 활동한 극작가 플라우투스의 말을 다뤄보려고 합니다. ***tum denique homines nostra intellegimus bona, quom quae in potestate habuimus ea amisimus*** *우리 인간은 가지고 있던 것을 잃고 나서야 비로소 그 소중함을 깨닫는다.*

근대 인물인 토머스 모어도 비슷한 글을 썼습니다. 정치와 관련하여, 새로운 통치자로 바뀌고 나면 전임자가 얼마나 관대했는지 알게 된다고 했지요. 선거철에 보면 더 섬뜩할 글입니다.

야마자키 정치에 관해선 적어도 '감시인은 누가 감시할 것인가?' 정도는 생각하고 있어야 합니다. 한쪽에 모든 걸 다 맡겨버리는 건 현명하지 않아요.

플라우투스의 말을 좀 더 현실적인 상황에 대입해보면, 친구나 연인 혹은 동료와 싸우고 나서 하는 후회를 들 수 있습니다. 그리고 부모님이 돌아가신 뒤에야 계실 때 좀 더 잘해드릴 걸 하고 후회하는 사람도 많지요. 학창 시절에 좀 더 열심히 공부해둘 걸 하고 뒤늦게 아쉬워하는 마음도 여기에 해당합니다.

라티나 저는 한때 대학 수업에 자주 지각을 했습니다. 그러던 어느 날 중학교 동창과 이야기하던 중 그 친구가 "사실 나도 대학에 가고 싶었어. 그럴 만한 형편이 되지 않아 포기해야 했지만…"이라고 하더군요. 그 말을 듣고 다시는 지각하지 말아야겠다고 다짐했습니다. 후회를 경험하지 않더라도, 내가 가볍게 여기던 무언가가 다른 사람에게는 무척 소중한 것임을 알게 되면 그 가치를 새삼 깨닫게 됩니다.

야마자키 늘 자기반성을 게을리하지 않는 모습이 참 대단하세요. 평범한 나날을 소중히 여기며 살아가자고 다짐하는 사람도 있지만, 저처럼 끊임없이 닥치는 문제를 극복하기 위해 정신없이 하루하루를 보내는 사람은 그렇게 차분한 마음으로 자신을 되돌아보기가 좀처럼 쉽지 않습니다.

라티나 가진 것을 소홀히 여긴다기보다, 살아가는 게 너무 힘겨워서 소중하다고 느낄 여유조차 없는 게 현실 아닐까요?

야마자키   저는 이제 잃어버려도 체념하는 버릇이 생겼어요. 후회도 귀찮아지더라고요. 애초에 스스로 그리 높게 평가하지 않아서 그런 걸지도 모르겠네요. 실패하더라도 '어차피 내가 저지른 일이니 어쩔 수 없지' 하고 체념해 버립니다. 누군가 떠나가도 '이렇게 될 운명이었구나, 인연이 아니었던 거야' 하고 끝이에요. 편하죠? 나이 탓일까요. 하하.

라티나   저는 적어도 연인, 부모, 가족, 친구와 함께 보내는 시간만큼은 소중하게 챙기고 있습니다.

야마자키   라티나 씨는 마음이 참 따뜻하세요. 그야말로 *carpe diem*, '오늘을 즐겨라'를 실천하고 계시네요. 그에 비해 저는 그저 삐딱한 할머니가 되어가는 것 같습니다. 하하.

◇◇◇

야마자키   다음으로 *mendacem memorem esse oportet 거짓말쟁이는 기억력이 좋아야 한다*라는 문장에 대해 이야기해보려 합니다. 한때 노벨 문학상 후보였으나 할복자살로 생을 마감한 미시마 유키오의 《부도덕 교육 강좌》에도 이 라틴어 문구와 비슷한 구절이 나옵니다. 미시마 유키오는 정말 머리가 좋은 사람이 아니면 거짓말을 할 수 없다고 썼습니다. 들키지 않도록, 그리고 파탄을 초래하지 않도록 거짓말을 유지하기란 어려운 법이지요. 진실을 말하는 편이 오히려 훨씬 쉽습니다. 상상력이 필요 없으니까요. 애초에 거짓말은 상상력으로 만들어집니다. 저는 이러한 미시마의 관점이 이 라틴어 문장과 맞닿아 있다고 느꼈습니다.

라티나   이 라틴어 문장은 수사학자이자 교육자인 쿠인틸리아누스가 《웅변가 교육 Institutio Oratoria》에 쓴 문장입니다. 12권으로 된 저서로, 고대부터 근세에 이르기까지 유럽에서 웅변술의 교과서로 널리 사용되었죠.

야마자키   웅변할 때는 자신감을 가지고 그럴듯하게 말하는 자세가 중요합니다. 사실이든 아니든 강력하게 설득하는 거죠. 듣는 사람들이 반신반의할 만한 내용이더라도, 말하는 사람이 내용을 얼마나 흥미롭게 전달하느냐가 평가의 기준이 됩니다. 제가 이탈리아 학교에서 했던 구술시험이 바로 그런 분위기였어요. 제가 사랑하는 《박물지》에도 플리니우스는 본 적도 없는 것을 마치 직접 보고온 것처럼 써놓았습니다. 하지만 그것도 나름대로 괜찮습니다. 읽는 사람도 그 책에 절대적인 신빙성 같은 건 요구하지 않으니까요. 반쯤은 농담이라 여기며 재미있게 읽으면 됩니다.

대통령 선거 후보자의 연설에서 후보자들이 큰 소리치는 모습을 보면 마치 고대의 웅변처럼 느껴집니다. 진실보다는 얼마나 효과적인 말로 사람들의 관심을 끌어모으느냐가 중요하지요.

라티나 쿠인틸리아누스는 거짓말쟁이에 대해 머리가 전반적으로 좋아야 한다기보다 기억력이 좋아야 한다고 말했기 때문에 미시마 유키오가 말한 것과는 조금 다릅니다. 어쨌든 어떤 사람에게는 A라 말하고 다른 사람에게는 B라고 말했다면 곤란해지겠지요. 이 거짓말이 들통나지 않도록 기억하고 일관성을 유지하기란 보통 일이 아닐 거예요.

야마자키 그러고 보면 기억력뿐만 아니라 기술도 필요한 것 같습니다. 두뇌 회전이 빨라야겠죠. 바람둥이들이 바람을 피우면서 들켰을 때 아니라고 발뺌하는 게 전형적인 예입니다.

라티나 물론 저는 바람피울 마음도 없지만, 설령 피우고 싶다 해도 기억력에 별로 자신이 없습니다.

야마자키 그렇다면 바람은 아예 상상도 하지 맙시다. 하하.
  쿠인틸리아누스와 미시마는 거짓말을 얕보지 말라고 말하는 것 같아요. 거짓말을 하기 전에 들키지 않고 끝까지 밀고 나갈 수 있을지 잘 따져봐야 한다, 혹은 거짓말을 철저하게 관리하기란 힘들기 때문에 결론적으로 거짓말은 추천하지 않는다는 조언으로 받아들일 수도 있습니다. 그래도 머리 좋은 사람은 하겠지만요.

라티나 설령 머리가 좋아진다고 해도 저는 그 머리를 거짓말하는 데 사용하고 싶지는 않네요.

야마자키 세상에는 거짓말로 자신을 완전히 숨기고 포장하는 사람도 있지만, 그런 인생은 헛된 삶이 아닐까요? 기억력을 유지하기도 만만치 않을 거예요. 말씀하신 대로 거짓말에 쓸 에너지가 있다면 다른 일에 사용하는 게 좋겠네요.

과거를 통해 보는 미래

야마자키 라티나 씨가 고르신 *haud parva res sub titulo prima specie minime atroci ferebatur* **결코 사소하지 않은 일이 겉보기엔 평화롭게 발의되었다**라는 문장에 대해서는 어떤 생각을 갖고 계신가요?

라티나 중대한 사안인데도 불구하고 표면적으로는 아무 문제없이 순조롭게 진행되어버릴 위험을 말하고 있습니다. 《로마사》에 나오는 말로, 선거 규칙 개혁과 관련한 맥락에서 나온 문장입니다. 온당한 형태로 발의되어 결정된 개혁이었지만, 리비우스의 생각은 좀 달랐던 것 같습니다.

오늘날에도 법안의 가결을 예로 들 수 있겠지요. 사회를 바꿀 만한 중대한 법안을 미디어에서 크게 다루지 않고 지나가는 경우가 있습니다. 그 위험을 의식해야 합니다.

야마자키   이 또한 지금의 현실을 보여주는 말이네요.

라티나   평온하게 지낼 때일수록 수면 아래에서는 위기가 고조되고 있을지도 모릅니다.

야마자키   얼마 전에 친구와 이야기하다가 '삶은 개구리'를 비유로 들어 이야기한 적이 있습니다. 미지근한 물 속에 있는 개구리는 위험을 느끼지 못합니다. 물 온도가 서서히 올라가는 사이에도 편안하게 있다가 점점 의식을 잃고 어느새 죽게 되죠. 리비우스의 격언을 떠올리게 하는 비유라고 생각합니다. 막대한 비용이 소요되는 국가적 이벤트나 점점 인상되는 소비세 등 여러 중대 사안이 어느새 결정되어 국민은 이를 받아들일 수밖에 없는 상황을 가리키는 말일 것입니다.

  예를 들어 노토 지역 등의 지진 피해 복구는 정체된 가운데, 거액이 들어가는 엑스포는 준비가 착착 진행되었지요. 이를 괘씸하다고 외쳐봤자

어찌할 도리가 없습니다. 결국 우리가 받는 것은 가벼운 사후 보고뿐입니다.

라티나   시민들이 더욱 눈에 불을 켜야겠네요.

야마자키   맞습니다. 삶은 개구리가 되고 싶지 않으면 조심해야 합니다.

◇◇◇

야마자키   *historia vitae magistra* 역사는 인생의 스승이라는 말로 대담을 마무리하고자 합니다.

라티나   키케로가 한 말이지요. 우리가 따라야 할 것, 혹은 반면교사로 삼을 것들을 역사에서 배울 수 있다는 뜻입니다.

야마자키   역사는 인간의 궤적이자 인간 사회에서 일어날 수 있는 경우를 기록한 사전이기도 합니다. 이토록 삶의 지혜가 가득 담겨 있음에도 역사를 어려워하는 사람이 많습니다. 재미있게 가르쳐주는 선생님이 적어서가 아닐까요?

이탈리아 등 유럽에서는 고대 유적 앞에서 그야말로 역사 마니아인 듯한 선생님이 마치 조금 전까지 고대에 있었던 사람인 양 열변을 토하며 가르치고, 학생들은 놀란 표정으로 그 선생님을 바라보는 장면을 자주 볼 수 있습니다. 그런 선생님이 가르치는 것은 시험을 위한 역사가 아니라 살아가는 데 필요한 통찰과 판단력을 길러주는, 실천력 있는 역사지요. 우리의 교육 현장에 이러한 선생님이 더 많아지기를 바랍니다.

라티나 오로지 시험 점수만을 내기 위한, 예를 들어 '일어난 일을 연도순으로 정리하시오' 등의 암기 중심 교육에서 벗어나는 것이 중요합니다. 그러한 방향보다는 그 사건을 통해 무엇을 배울 수 있는지, 다른 사건과 어떤 관계가 있는지, 나는 그 사건을 어떻게 생각하는지와 같은 것들을 배워야 합니다.

야마자키 맞습니다. 그리고 우리가 이 책에서 다루어온 수많은 격언이 바로 그러한 역사의 흐름 속에서 시대를 막론하고 많은 사람의 버팀목이 되어준 주옥같은 말들입니다. 제 인생이 얼마나 남았는지는 모르지만, 사는 동안 자주 떠올리며 마음에 새기고 싶습니다.

라티나   저도 앞으로는 라틴어 지식뿐만 아니라 라틴어를 통해 현대를 살아가는 우리가 무엇을 배워야 하는지도 많은 사람에게 함께 전할 수 있으면 좋겠습니다.

마치며

라틴어는 오래된 언어가 아니라 오래된 위로다

이 책을 읽어주셔서 감사합니다. 많은 격언을 소개해 드렸는데, 고대 로마인들과 현대인들의 사고방식이 의외로 비슷하다고 느끼지는 않으셨나요?

사실 인류 역사 400만 년을 생각하면 2000년은 매우 짧은 시간입니다. 어쩌면 그렇기 때문에 고대 로마인들의 이야기를 더 친근하게 느끼셨는지도 모르겠네요. 또한 야마자키 선생님이 이야기해주신 현대 이탈리아인의 사고방식을 통해, 고대 로마 시대부터 변하지 않은 이탈리아의 모습을 여러분도 많이 알게 되셨으리라 생각합니다.

그와 동시에 라틴어로 쓰인 작품 자체에 주목하면, 그러한 문학 작품들이 로마 제국 멸망 후에도 유럽 전역에서 널리 읽혀왔다는 점, 그리고 이를 후세에 남기고자 하는 사람들이 현대까지 이어지고 있다는 점은 특히 의미 있는 일이라고 생각합니다. 고대 로마의 작가들도 자신들의 작품이 2000년 후에 머나먼 동양에서 읽히고 있으리라고는 상상도 못 했을 것입니다.

이 책에서 다룬 격언의 출처가 되는 문학 작품이나 라틴 문학 전반에 관심이 생기셨다면, 원작도 꼭 읽어보시기 바랍니다. 고전 작품들은 전 세계 각국에 번역되어 출간되었으니, 여러분이 계신 나라에서도 어렵지 않게 찾아볼 수 있을 겁니다. 작품을 직접 읽으면서 유독 오늘의 나에게 깊이 와닿는 말, 삶의 실마리가 되는 문장들을 새롭게 발견하실 수 있을 겁니다.

언어로서 라틴어를 배우는 것도 추천합니다. 라틴어 원문으로 작품을 접하면 고대 로마가 여전히 품고 있는 울림을 고스란히 느낄 수 있습니다. 그뿐만이 아닙니다. 라틴어 시에는 정해진 운율이 있는데, 이는 번역으로 도저히 살릴 수 없습니다. 라틴어와 라틴어 시의 운율을 배우면 인용구를 좀 더 깊이 있게 공부할 수 있고 고대 로마의 리듬도 즐길 수 있습니다.

　라틴어가 비교적 어렵긴 하지만 배울 수 없는 언어는 절대 아닙니다. 이 책을 계기로 라틴어를 공부하는 분들이 많아진다면, 저에게는 더할 나위 없는 기쁨일 것입니다. 이 책에 담긴 어느 한 문장이 여러분의 마음 깊숙이 새겨져 평생을 관통할 수 있기를 바랍니다. 저희와 2000년 전 로마로 시간 여행을 떠나주신 여러분께 다시 한번 깊은 감사를 전합니다.

라티나 씨

마치며 ● 라틴어는 오래된 언어가 아니라 오래된 위로다

forsan et haec olim
meminisse iuvabit

이 또한 언젠가
즐거운 추억이 되리

옮긴이 | 박수남

서강대학교에서 경제학을 공부하고 증권사와 비영리 재단법인에서 근무했다. 글밥 아카데미를 수료하고 현재는 바른번역 소속 출판번역가로 활동하고 있다. 옮긴 책으로는 《여름밤의 꿈》(공역)이 있다.

당신에게
라틴어 문장 하나쯤 있으면 좋겠습니다

초판 1쇄 발행 2025년 10월 29일

지은이 | 라티나 씨·야마자키 마리
옮긴이 | 박수남
펴낸이 | 박혜연

펴낸곳 | ㈜윌마   출판등록 | 2024년 7월 11일 제2024-000120호
ISBN | 979-11-992478-9-5 (03190)

— 책값은 뒤표지에 있습니다.
— 파본은 구입하신 서점에서 교환해드립니다.
— 이 책은 저작권법에 의하여 보호를 받는 저작물이므로 무단 전재와 복제를 금합니다.

㈜윌마는 독자 여러분의 책에 관한 아이디어와 원고 투고를 기다리고 있습니다. 책 출간을 원하시는 분은 이메일 wilma@wilma.kr로 간단한 개요와 취지, 연락처 등을 보내주세요.